金翅鳥

禪語心燈

濟群法師 著

目錄

語 057

燈

覺醒

自序一

轉眼，使用微博已有十多年，算是資深用戶了。

二〇〇九年，一次外出講經時，有信眾說：「法師開個微博吧，發點活動預告之類，我們好知道去哪裡聞法。」凡是能方便大家修學的助緣，我都願意試一試。在此之前，我已有了博客，再開微博，也是順理成章的。

當時的微博還是內測版，屬於新生事物，多數人尚未使用，回饋寥寥，我就沒太重視。過了幾個月，有人來採訪，結束後問我：「我們關注了法師的微博，您怎麼很少更新？多發一點吧，大家愛看。」

這一說，又讓我想起這個快被遺忘的自留地，開始把平日的所見所思發上去。其實，我並沒有刻意要寫些什麼，但在某個時刻，有些句子就那麼出現了，只需隨手記錄即可。有時是在雨中，有時是在月下，有時是在山中靜坐，有時是在海邊漫步，有時是和信眾交流，有時是在思考教界問題……

一來二去，關注、留言、轉發多了起來。那幾年，我還應邀開了數次微直播，主題包括「網路中如何學習佛法」「一起聊聊生活中的佛法」「佛教盂蘭盆節」「中國文化中的感恩精神」等。一到直播時間，問題潮水般地湧來，螢幕閃得幾乎看不清，只能隨機應答。這種即時的熱烈回饋，讓我看到大家對佛法的好樂，也看到自己的責任所在。

有意思的是，那段時間我還做為「微博達人」接受了多家媒體的採訪。這是我曾有過的、最社會化的標籤。記者們好奇的點是：「出家人用微博，會有那麼多人關注？大家究竟想看什麼？」偶爾也有不同的聲音：「一個出家人，上什麼網，發什麼微博？」對於這一點，我的定位很明確：上微博，只是為了和大家分享佛法智慧，以此解決現實人生存在的問題。

佛法本身是法爾如是的，不會隨著時空改變，但兩千多年來，它的傳播方式卻是多樣且不拘一格的。佛教傳入中國後，經歷了漫長的本土化過程。從佛經的翻譯，到佛菩薩造像的演變，到各種形式的經變畫，到法義在民俗、戲曲、文學、藝術各領域的反映。正是這些方方面面的滲透，才有了「戶戶阿彌陀，家家觀世音」的盛況。

基於這一點，我對有助於弘法的新工具，始終保持開放的心態。一九九八年，開通個人主頁，和大眾廣結法緣。二〇〇〇年，發起「網路佛學院」，在歷時兩年的授課過程中，從撥號到寬頻，從打字到語音，見證了互聯網在中國的普及。在博客和微博之後，又於二〇一三年開通了微信公眾號。

當然，這些只是傳播工具而已，其中貫穿的，是我對佛法幾十年如一日的實踐。我常常感慨，佛法這麼好，知道的人卻那麼少。不必說社會大眾，即使在佛教信眾中，也有相當一部分人對佛法毫無瞭解，甚至充滿誤解。這種所謂的信，其實更接近迷信。要讓這一智慧在今天發揮作用，我們還需要做很多「普法」工作，讓人們瞭解到：佛法智慧究竟是什麼，可以解決哪些現實乃至終極的問題。

所以說，這並不是一本適合快速閱讀的書。在此時、此地、此景的感受背後，是對佛法、對人心、對世間萬象的長期思考，希望大家透過這些啟發，去反思人生，觀照內心。進一步，以所思轉變觀念，以所行調整心態。

最後，用我在「微博十週年」時所發的內容做為結束：在這個平台和大家結下很多善緣。宇宙無限，眾生無量，想到一切相遇都是因緣甚深，惟有心懷感恩。願所有相遇成為解脫的增上！願一切眾生成為覺醒的道友！

是為序。

濟　群

二〇二三年十月

禪

一場沒有目標的旅行

修行，
最終是一場沒有目標的旅行，
這裡超越了目標和過程。
你能想像得到嗎？
當然不能，
因為這是想像無法抵達的。

禪修

禪的本質，
是覺醒的心。
修行，
就是幫助我們開發覺醒的心。

機會

每種境界，
都是我們瞭解自己的一次機會。

迷路

不走覺路，就迷路了。

價值

有的人隨著年齡增值，
有的人隨著年齡貶值，
這就說明了追求生命內涵的重要性。

不同尋常

貼上「我的」標籤，
帶著強烈的執著，
一切都會顯得不同尋常。
去掉「我的」標籤，放下執著，
一切才能回歸平常。

至道無難 唯嫌揀擇
但莫憎愛 洞然明白
毫釐有差 天地懸隔

信心銘節錄 濤群于西園

認識

你的認識能力，決定了你所認識的世界。

修行

從自我感覺良好，
到逐步意識到自身不足，
正是修行的開始。

頭等大事

每個人都是煩惱的受害者，
所以煩惱是人生最大的敵人。
認識到煩惱帶來的無盡危害，
就要把消滅煩惱做為頭等大事。

保持平衡

有平常心，內心隨時都能保持平衡。
沒有平常心，就需要到處尋找平衡。

放鬆

放鬆，不是放縱。
要學會放鬆，不要隨意放縱。

主人

做生命的主人，
不要成為妄想的奴隸！

念頭

你的念頭，
決定了你的一切。

一件事

有些人在做一件事的時候，
同時還想著很多事，
這樣會很忙很累。
如果把心帶回當下，
再多的事也只有一件，
即當下要做的這件事。
只要做好一件事，就不會太忙太累了。

迷信

沒有用智慧審視過的人生，總是充滿迷信。
佛法的智慧，正是幫助我們破除迷信，
解放思想。

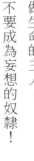

夢中

生命的意義在於從無明中覺醒。
所以，我們應該為覺醒而活著。
否則就會在無明大夢中，
睡過了一生又一生。

沉淪和超越

有人在經歷中沉淪，
有人在經歷中超越，
這往往和慧根有關。
慧力強就能超越，
情執重就會沉淪。

心無執取

心無執取，便能解脫。

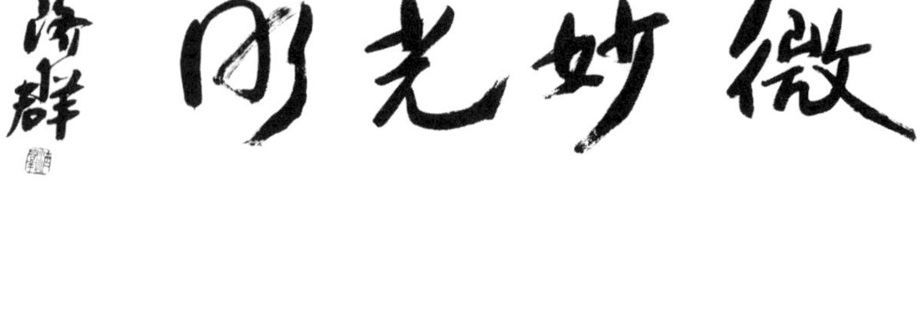

可怕

妄想並不可怕，
可怕的是不知不覺，
所謂「不怕念起，就怕覺遲」。

覺醒的心

覺醒的心，
能讓我們寧靜、喜悅、安心、吉祥。

無所得

要以無所得的心做事，才能和解脫相應。
如果以貪執的心做事，做得越多，
就會被綁得越緊，越不能解脫。

無為之樂

有為的快樂太短暫，
還是無為之樂美啊！

催眠

只要你活得不清醒，
每天都會被不同的人和事催眠。
不知不覺地接受一些說法，
也不知不覺地做一些事。

禪是什麼

禪是人生的大智慧。
禪，讓人返璞歸真，神定氣閒；
讓人超然物外，坐看雲起；
讓人擁有寧靜的內心；
讓人獲得專注的能力；
讓人自在地生活，
更讓人生找到方向，
充滿意義。

生命不在於長短

生命不在於長短，
而在於活得明白，
活出意義。

做夢

如果不能保持覺知，
人生就是一場自我催眠和相互催眠。
我們關心並努力的，
無非是將這場夢做得更有聲有色，
好讓自己在夢中覺得安慰。

行禪

行禪，
安住當下，邁出生命中莊嚴的每一步。
你的人生，便是由當下這一步開始。
把握當下，也就把握了未來。

接受

學會接受改變，
因為一切都是無常變化的，
不變只是暫時的。

一樣不一樣

平常心，日常事。
一樣的生活，不一樣的用心。

止靜

最大的浪費

不要忙個不停，
每天應該有些閒暇面對自己。
瞭解自己，學會和自己相處，
才是人生的頭等大事！
我們忙慣了，
總覺得不做些什麼是在浪費生命。
其實，
無謂的忙碌才是對寶貴人生最大的浪費。

看清自己

一般人說相信自己，其實是很盲目的。
學佛正是幫助我們看清自己，
並透過禪修清除迷妄的自我，
找到潛在的覺悟本性，
真正做生命的主人。

陰影

多數人平時都在昏沉或掉舉中。
無明的力量太大了，
總是使人活在它的陰影下。

大和小

把自我縮小，
你的世界就會變大；
把自我放大，
你的世界就會變小。

糾錯之旅

人非聖賢，孰能無過。
人生就是一場不斷發現錯誤、
改正錯誤的旅程，
這也許正是生命的意義所在。

使用指南

佛法是用來幫助我們調整心行的，
就像機器的使用指南一樣，
讀懂了就要實際操作。

敵人

人生最大的敵人是自我。
修行，就是一場面對自我的戰爭。

無我才平等

有我，就有好惡和牴觸情緒；
無我，才能平等接納一切，
對一切眾生心懷慈悲，
給予幫助。

演戲和看戲

在人生這場戲中，
如果把自己當做真實的角色，
入戲太深，會活得特別辛苦。
只有把自己當作觀眾，
以超然的心態看待一切，
才能進退自如。

由人及己

對別人慈悲，就是對自己慈悲。
傷害別人的同時，也就是在傷害自己。

疫苗

社會上貪瞋癡病毒蔓延，
聽聞佛法就是播種菩提疫苗，
提高生命的免疫力，
從而免受煩惱病毒的侵害。

安心

現代人需要禪的智慧安心，
從而獲得安全感，
平息內心的浮躁混亂，
更有效地工作和休息。

煩惱

有時你有煩惱，
有時你沒煩惱，
那只說明煩惱存在，
並不等於你就是煩惱。
認識到煩惱不是你，
和煩惱保持距離，
對煩惱保持覺察，
是解除煩惱的必要手段。

無為

現在人太有為了，
搞得整個世界不得安寧。
認識無為，體認無為的智慧，
有助於恢復世界的和諧與寧靜。

恢復自由

自我的滿足，始終隱含著巨大的貪執，
使生命不斷形成依賴、束縛和種種煩惱，
從而失去獨立和自由。
解脫，是逐步解除貪執，
以及由貪執形成的依賴和束縛，
恢復生命的獨立，恢復心靈的自由。

佛法的重要

信佛並非接受一種與己無關的東西。
每個人都有困惑和煩惱，
佛法可以幫助我們認清煩惱真相，
並提供究竟的解決方法。
瞭解這些道理，
就知道佛法對我們的重要性，
以及對人類所具有的普世價值。

清涼

沒有清涼的人生，
不是熱惱，就是淒涼。

獨一無二

萬物無常，善加珍惜，
每個當下都是獨一無二的。

聆聽安靜

放慢腳步，
聆聽內心的安靜。

安禪

松風吹拂面，
松針做蒲團，
空山寂無語，
隨處可安禪。

辜負

每天把生命消耗在迷亂的需求中，
消耗在被動的選擇中，
真是辜負了大好時光！

什麼都不做

禪修，
就是培養什麼都不做而依然自足的能力。
當你能什麼都不做的時候，
才有能力主動選擇自己的行為。
否則，我們總在慣性中忙碌著，
身不由己。

最佳時機

生命從聚合走向分散，又從分散走向聚合。
每個當下既是生命的起點，也是生命的終點。
因此，每個當下都是改善生命的最佳時機。

要灑脫，更要解脫

灑脫是一種生活方式，
多一點灑脫，就多一點輕鬆；
超脫是一種人生態度，
多一分超脫，就多一分自由；
解脫是一種生命目標，
多一些解脫，就多一些自在。

快樂的增減

一個人原本擁有很多快樂，
因為他不希望看到別人快樂，
結果把自己的快樂也葬送了。
一個人原本只有一點點快樂，
因為他樂於和別人分享，
結果他的快樂不斷增長。

保險

善業是最好的保險，
覺性是最高的保險。

珍惜

了知向外追逐的辛苦，
才能珍惜內在寧靜的可貴。

隨遇而安

不執著特有的角色及生活環境，
才能隨遇而安，
坦然面對各種處境。

捨近求遠

我們總在追求想像中的快樂，
而忽略了眼前的快樂，
使得快樂常常和我們擦肩而過。

一念之差

成佛，是自身佛性的圓滿開顯；
成魔，也是內在魔性的外化於行。
所謂佛由心造，魔由心生；
一念成佛，一念成魔。
瞭解這個道理，
就知道未來的前進方向了。

安心之道

佛法是安心之道，
可以幫助我們瞭解內心，
進而透過戒定慧的修行，
消除內在不安因素，
令心安住於每個當下。

意義

生命意義就在生命中，
不瞭解生命真相，
是無法正確認識生命意義的。

流動

一切都在流動，
沒有什麼能抓得住。

沒有方向

多數人都是活在一大堆混亂情緒和
錯誤想法中，
過著一種沒有方向的人生，
隨波逐流，不能自主。

想法

有多少想法，
就會有多少事情。

解放

解放，是解除貪執，
恢復心的自由和開放。

當下

無窮的過去都以現在為歸宿，
無盡的未來都以現在為開端。
活在當下，把握當下，
這是改善生命的關鍵。

直面煩惱

逃避煩惱，轉移目標，
不是究竟解決煩惱的辦法。
只有直面煩惱，
用心審視煩惱的實質，
才能從當下化解煩惱。

從絕望到希望

抗拒無常，讓人感到絕望；
擁抱無常，給人帶來希望。

真正的獨處

一個人待著，未必就是獨處。
一個人待著，什麼事都不做，
也不刻意想些什麼，
安靜地面對自己，
才算得上是獨處。

開放

心的開放程度越大，可以接納的人就越多。
如果只是活在自己的感覺中，
就會注意不到他人的存在，
結果成了孤家寡人。

接納無常

無常，是人生的真相，也是世界的規律，
我們必須學會接納和面對，
否則就會有太多無奈。

局限

一個人的經驗、認識和能力，
既是立身處世的基礎，
也會成為他的局限所在。
自以為是、感覺良好的人，
往往很難跳出這種局限。
唯有瞭解緣起無我的真相，
才能客觀審視自身的存在，
從而擺脫局限。

無為並非無所作為

無為，並非無所作為，
虛度時光。
無為，是心不造作，
安住於生命的本來狀態，
是生命最高價值的呈現。
無為，才能無不為。

泡沫

事業、地位、榮譽對我們意味著什麼？
我們總在為此忙碌，鞠躬盡瘁，
其實只是一個製造妄想和滿足妄想的過程，
一個暫時的泡沫，
並不能給生命成長帶來真正的利益。

水知道答案

「水知道答案」
並非水真的能識字，或聽懂什麼，
而是體現人的心念與世界的關係。
心念造就人格，
心念決定命運，
心念影響健康，
心念成就世界。
佛教強調發心，
正是說明選擇心念對於人生的重要性。

虛空和雲彩

自我，只是一個標籤，一種認定。
當我們執什麼為我時，其他的便是非我。
因此，自我認定總是狹隘而有限的。
一旦去除「我」的標籤和認定，你的存在便是無限。
如果說「有我」是一片雲彩，「無我」便是整個虛空。
你希望自己是一片雲彩，還是虛空呢？

明和無明

心，有明和無明兩個層面。
在明性、覺性未開發前，
生命處於無明狀態，製造生死輪迴；
一旦明性開啟，則驅除無明黑暗，
成就覺醒解脫。

安住當下

許多人每天都在玩精神穿越，
不是活在對過去的回憶中，
就是活在對未來的幻想中。
禪修的作用，就是幫我們把心帶回當下，
活在此時此刻。
即使念頭在玩穿越，也能了了明知，
不為所動。

人生最大的消費

人生最大的消費，是對自我的滿足。
一個人的自我感越強，需求就會越多，
付出的代價也就越大。
無盡的輪迴，
就是這個自我不斷製造需求和滿足需求的過程。
唯有通達無我，
才能結束這場徒勞無益的消耗。

回歸自然

追求浮華，只會讓心變得更加浮躁；
回歸自然，才能聆聽生命內在的安靜。

沒希望

對生命的認識膚淺，
只能根據眼前需要確定行為的價值，
跟著感覺，走到哪裡是哪裡，
活著一天算一天，
這樣的人生是看不到希望的。

忙

忙，是心加亡。
很多人每天忙來忙去，像機器一樣活著，
真是心已亡也。
如果帶著覺知去做每一件事，
就能忙而不亡。

誰偷走了你的時間

誰偷走了你的時間？
在這個時代，
似乎每個人都說很忙，
可我們究竟在忙什麼？
審視一下我們度過的每一天：
有多少時間在胡思亂想？
有多少時間在排解無聊情緒？
有多少時間在滿足不良需求？
又有多少時間在做真正應該做的事？

傻瓜

只要沒有看清輪迴真相，
不斷地執著和追求，
不論自以為多麼聰明，
其實都是不折不扣的傻瓜。

只是一種想法

想法介入我執，
就成為我見，
進而產生對立；
想法剝離我執，
就只是一種想法，
不論是與非，
都能心平氣和地面對。

緣起論

佛教不是無因論、神創論、宿命論，
而是緣起論。
佛陀告訴我們，
要用緣起的智慧看世界。
唯有正確認識人生的因緣因果，
才能了悟生命真相，
究竟離苦得樂。

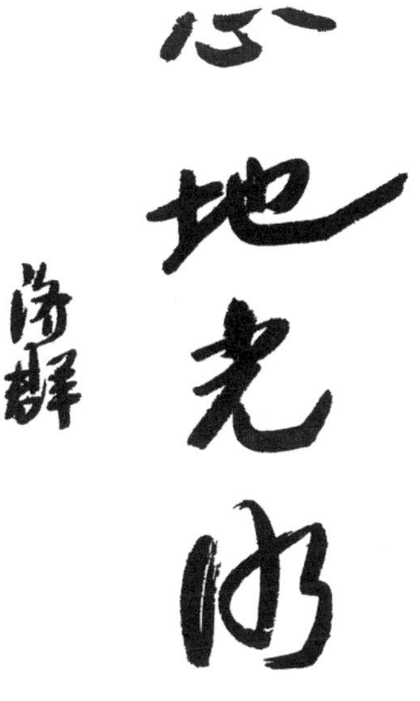

自由

很多人以為，
由著自己就是自由。
那種自由的背後，
往往是不顧及他人感受的自私和自大。
真正的自由，於人、於己、於社會都是有益
而無害的。

超越有限

每個有限的當下都蘊涵著無限，
超越有限的設定和執著，
才能進入無限的自由中。

肯定和否定

肯定，可以給人帶來滿足；
否定，卻能讓人得到超越。
人不僅要接受肯定，
也要勇於否定自己，
才會有更大的進步。

中觀

佛教不是樂觀，不是悲觀，而是中觀。
所謂中觀，就是如實觀照世間實相，
真誠面對，不自欺，不逃避。

自主的能力

我們想要得到自由，
必須先培養自主的能力。
唯有自主，才能自由。

輪迴劇

自我在不斷編寫輪迴的劇本，
上演一場又一場輪迴的劇碼。

安身立命

存在的註定都要歸於毀滅。
哪裡才是你的安身立命之處？

選擇和發展

人生在不斷的選擇和發展中，
未來會走向哪裡？
關鍵在於選擇了什麼，發展了什麼。

奇蹟

每個生命都是一個奇蹟，
我們應該尊重他、愛護他。

和自己相處

學會和自己相處，
少一分依賴，多一分自由。

活著為什麼

唯有瞭解生命蘊含的價值，
才能更好地回答：人活著究竟為什麼。
你瞭解生命蘊含著多大的價值嗎？

開放

佛菩薩的心是全然開放的，
沒有對立，超越局限，
可以接納一切，又能不黏著一切。

重要

用死亡審視現有的一切，
才知道什麼真的重要，
什麼並不重要。

不負此生

學會面對自己的不足，
但不能安於不良現狀，自欺欺人。
應該自強不息，止於至善，
方能不負此生。

誤解

生命中最大的誤解，
就是對「我」的錯誤認識，
這是一切痛苦煩惱的源頭。
佛教所說的明心見性，
便是幫助我們認清自我真相，拔除煩惱之根。

得失榮辱

活在當下，沒有得失，沒有榮辱。
因為得失榮辱只是妄想，
而當下是超越妄想的。

失去自由

對外在環境過分依賴，
使人的心靈失去自由，
無法獨立。

調整

修行，
就是以佛法智慧看清生命真相，
調整心行軌道，
擺脫惡性重複，
建立良性心行，
並使之成為生命的常態。

替代品

我們現在的自我，
是迷失覺悟本性後建立的替代品，
並不是真正的「我」。
但我們往往因為這份錯誤認定
操勞一生，不斷造業。
重新思考「我是誰」，
對每個人都非常重要。

革命

說到革命，
通常都是革別人的命，換取自己的自由。
佛法修行也是革命，那是心靈世界的革命。
透過戒定慧的力量，
顛覆貪瞋癡建立的輪迴政權，
恢復覺性的自主地位，
那才是真正的自由。

定心丸

交通便利，資訊發達，各種因緣糾結在一起，
使人際關係變得錯綜複雜，處處充滿誘惑。
在這種情況下，有抵制誘惑的定力，
有堅持選擇的智慧，顯得特別重要。

視而不見

無常的事實不斷給我們說法，
人們卻視而不見，
依然沉迷於永恆的幻想，
期待永恆的存在。

研究

我們每天在研究這個，研究那個，
就是忘記了研究自己。
其實，認識自己才是最重要的。
看看，什麼代表著你自己？

無住生心

佛法以緣起看世界，
認識到一切現象的本質都是無常、無我、
無自性空，
一切存在只是條件構成的假相，
所謂「一切有為法，如夢幻泡影，
如露亦如電，應作如是觀」。
經常這樣觀察，
就能擺脫我執我見，
達到無住生心的效果。

尋找原因

出現問題，
不要一味指責環境，
學會從自身尋找原因，
改善觀念，調整心行，
才能更有效地解決問題。

漏洞

人管不住自己，
就得為此付出代價，承受苦果，
怨誰呢？
其實，是因為生命系統存在漏洞。
只有改善生命系統，
才能從根本上解決人生問題。

空有不二

空，並非什麼都沒有，
而是要否定我們強加於事物上的設定和執著，
還原事物的真相。
空，是消除錯誤認知，
開啟般若智慧，
認識到一切存在都是條件與變化構成的假相。
空，並不否定有，
是為「空有不二」。

尊重並接納

尊重緣起的事實，
接納世界的差異與多樣性，
可以減少糾結，
化解對立。

代表

誰在使用你的人生？
什麼代表你的存在？

安詳

時時覺醒，分分安詳。

荒謬

沒有用智慧審視過的生活，
總是充滿迷信和荒謬。

居安思危

居安思危，
是要我們在安定舒適的生活中，
看到內心還隱藏著製造不安定、
不舒適的煩惱。
沒有解除生命的迷惑和煩惱，
所謂的安定舒適只是一時假相。

忙些啥

如果不瞭解自己，也不知道為什麼活著，
只能為無明製造的種種需求打工，
聽從煩惱的任意使喚，
忙忙碌碌，不知所以。

留白

簡樸的生活，
可以給心靈留下更多的空間和自由。

生命軌跡

人生，
如果不能主動進行改善，
就得承受不良觀念和習慣帶來的無盡麻煩。
可是，主動改善要有智慧和勇氣，
否則很難跳出原有的生命軌跡。

沒有負擔的享受

放下特殊身份、能力、貢獻帶來的重要感、
優越感和主宰欲，
才能享受平常的快樂，輕鬆的生活。

汝意不可信

不要過於相信自己的想法，
可能你的認識模式有局限，
也可能你的判斷標準有問題。

有限蘊含著無限

有限蘊含著無限。
空的智慧便是幫助我們打破有限的執著，
從而通達無限的空性。

資源浪費

每天的夕陽都不一樣。
大自然如此豐富，
我們卻熟視無睹，
這也是資源浪費啊！

無限的心

心原本是無限的，自足的，
只是因為陷入狹隘的設定和情緒中，
才變得渺小、自私、缺乏安全感。
跳出這些設定和情緒，
就能回歸心的無限和自由。

慈經

每天聽聽《慈經》，
可以消除內心的暴戾之氣，
增長慈悲，令心調柔。
聽《慈經》須隨文入觀，
把經中的每句話當做自己的願望，
讓這份慈心從自身開始，
延伸到周邊的人，再遍及一切眾生。
聽經的同時，還要不斷模擬這樣的心行，
在座下以慈心待人接物，努力實踐。

活出自己

我們總在宣稱要活出自己，
但所追求的，往往是概念性或想像中的自我，
不曾尋找自己的本來面目。
我們試圖製造一個「我」，
代替自己的存在，能替代得了嗎？

本來面目

「我」有二義：
一是不依賴條件而能獨自存在；
二是主宰義。
在現實中，沒有一樣東西不依賴條件，
也沒有一樣東西我們能完全自主，
所以佛教講無我。
無我，並不是說你不存在，
而是幫助我們否定對自己的錯誤認定，
還原生命的本來面目。

假相

一切都是條件與變化的假相，
沒有什麼可以真正代表你，
也沒有什麼你可以永遠抓得住，
總想著個人得失只會不斷產生煩惱，
這就是佛陀反覆宣說「無我」的原因。

往來無礙

保有正念，才能在穿越時安住當下；
在安住當下時，又能自由穿越。

喚醒

覺醒的心無所不在，
念誦三皈依，
便是喚醒覺醒的心，
喚醒覺醒的宇宙。

正念的雙足

戒和見是正念修行的雙足，缺一不可。
有些人一味強調正念，
卻不重視戒和見的基礎，
這種禪修是不容易成功的。

知足

知足，是人生最大的財富。
知足，才能避免自己成為貪欲的奴隸。

忙為誰辛苦

為誰辛苦為誰忙？
其實，人們都在為自我打工。
自我又是什麼呢？
只是人類的一個設定而已。
如果不能走上生命覺醒之道，
我們所做的一切必將是徒勞。

匱乏和富有

匱乏的人，只會不斷索取；
富有的人，才會想著施捨。
可以說，貧窮和富有並不在於財富多少，
而是取決於自身的心理狀態。
如果一無所有也不覺得缺少什麼，
那才是最富有的人。
因為這種富有是任何人無法奪走的，
也是任何意外無法改變的。

平常福，不平常

晚上能自然睡去，
清晨在鳥語聲中自然醒來，
這是一種平常而又不平常的福報。

特效藥

智慧，是解除心理疾病的特效藥。

活在此刻

正念，把心帶回當下。
活在此刻，覺知身心的變化，
不黏著，不逃避，不分別，不評判。

微塵

地球是宇宙中的一顆微塵，
我是地球上的一顆微塵。
我是什麼？

改變認識

我們無法離開自己的認識看世界，
卻可以透過學佛改善認識。
當我們改變自身認識的時候，
也就改變了自己眼中的世界。

認識的障礙

我們對世界的認識和選擇，
始終來自於自我的需求和判斷。
一個我執重的人，
總會以自我為中心看世界，
並製造各種理由證明自己的合理性和優越性。
唯有弱化我執，
認識到緣起無我，
才能客觀如實地看待世界。

理解

不要總指望別人理解自己，
相反，我們應該學會理解別人。
當我們真正走近別人內心的時候，
別人才有可能用心來理解我們。

封閉

強烈的我執我見，
使人失去溝通能力，
活在對立和矛盾中，
影響人際關係的和諧。

自我檢查

發生任何問題，
學會先從自己身上尋找原因，
然後再檢查外在的環境因素，
這樣才有助於更好地解決。

和閒

忙著，一個念頭、一件事就是整個世界；
閒下來，才能看到世界的精彩多樣，
體會生命內在的豐富從容。

我是誰

我是誰？
究竟什麼能代表「我」的存在？

鏡子

每個人都是我們的一面鏡子，
他人的缺點，
很可能就是我們的缺點。
看到他人的缺點，
是我們認識並改善自己的因緣。

認清自我

學佛，如果只是用於滿足自我的需要，
是不能解脫的。
學佛，是要認清自我真相，
破除我執我見，
才能開顯覺性，成就解脫。

不堪重負

人們總覺得要做些什麼，才顯得自己有價值，
其實學會不做什麼，能夠安靜地待著，
對自己、對社會也許更有價值。
人類因為過於有為，
已經使身心和世界快要不堪重負了。

迷之惑

迷了，就會產生疑問，是為疑惑；
迷了，就會進入困境，是為困惑；
迷了，就會被外境引誘，是為誘惑；
迷了，就會被假相蒙蔽，是為蠱惑。
迷了，就有惑；有惑，就有禍。

在追求自由中失去自由

我們總希望儘量滿足自我的各種需要，
實現自我的更大自由。
豈不知，自我建立的需求越多，
所受到的牽制就越多，
就會越不自由。
可憐的人們！
因為看不清楚生命真相，
總是在追求自由中失去自由。

感恩

清晨的陽光，清涼的風，
蜻蜓漫天飛舞，小鳥放聲高歌，
老僧在庭中早餐，
美好的一天又開始了！
感恩天地萬物，
感恩累世的福德因緣，
使我們能夠生而為人，
擁有健康的身心享受這一切。

現實和理想

人不能沒有理想，
但也不要總帶著理想的眼光看世界，
那樣會悲觀失望的。
要接納現實的缺陷，同時保有理想。
正因為現實的缺陷，才顯得理想之可貴。

大醫王

佛陀是大醫王，
佛法是藥，善知識是醫生，
共同幫助我們治療貪瞋癡的疾病。
我們唯有解除生命內在的貪瞋癡，
才能成為真正意義上的健康者。

人生是苦

佛教講人生是苦，
是要我們接納人生存在各種痛苦的現實，
勇敢面對，
進而探求痛苦之因並給予解決。
相反，因為對痛苦感到恐懼，
而採取迴避、麻醉、轉移的態度，
只會讓痛苦變得更複雜，更劇烈，
更讓人恐懼。

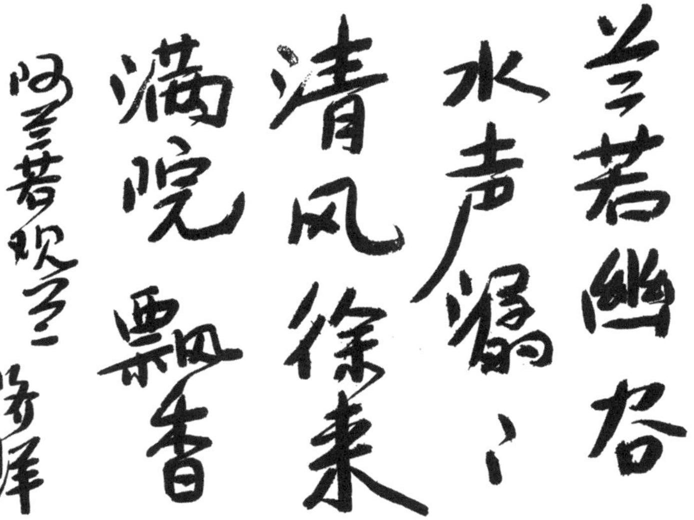

智慧的教育

每個生命都有本初的智慧，都有自救的能力。
佛陀正是這種智慧的發現者和實踐者，
由此完成生命改造，成為圓滿的覺者。
佛法則是幫助我們認識這種智慧的教育，
是從迷惑走向覺醒的教育。

禪茶一味

喝茶時悠閒、放鬆而又專注的心境，
可以導向禪。
如果能帶著禪心喝茶，
才叫真正的禪茶一味。

吃飯的修行

吃飯也是一種修行，
帶著貪瞋癡吃，便是增長貪瞋癡；
帶著正念吃，就能成就正念。

需要解脫

解脫，是解除內心的困惑和煩惱。
每個人內心都有這樣那樣的困惑，
也有或多或少的煩惱，
所以都需要解脫。

真理

佛教重視真理，
但真理會戳穿自我的騙局。
所以，有時真理並不受人歡迎。

標籤

許多東西因為被貼上「我」的標籤，就顯得倍加重要，使人為之爭鬥，為之玩命。
可究竟什麼能代表「我」的存在呢？
眼前所見的一切，都不過是人生過程的產物，
不過是暫時存在，暫時和我們有關係而已。

生活和修行

真正懂得修行的人，生活才會成為一種修行。
而對於大多數人來說，
生活只是一場無盡的忙碌，
和修行是了不相干的。

覺察力

無明，就是內心失去明的作用。
透過禪修，可以培養覺察力，
逐漸開顯明覺的作用，
無明也將隨之消失。

不知不覺

我們不知不覺地接受了許多觀念及生活方式，
知道它意味著什麼嗎？
我們應該重新審視自己的觀念，
檢討自己的生活，
看看其中有多大的合理性，
又包含多少的荒謬性！

休息

輪迴是很累的，
涅槃才是休息。

機械運動

學了再多理論，做了再多功課，
如果沒能把佛法變成自身觀念，
進而落實於心行，
都不過是替人數羊或機械運動而已。
修學方式不同，產生的影響也截然不同。

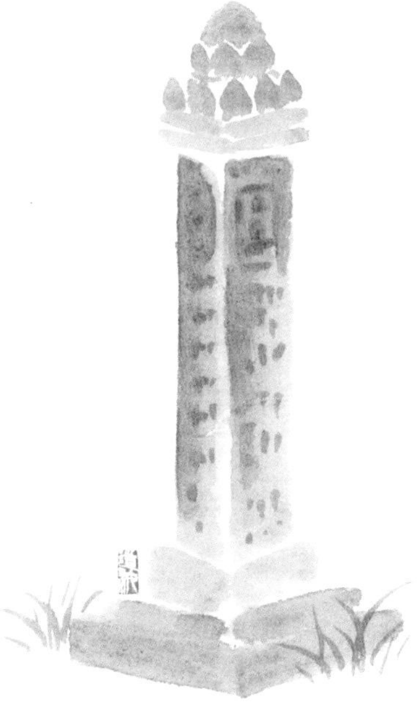

偽政權

自我是生命建立的偽政權，
它培植了一幫貪瞋癡的勢力，
在生命中為非作歹。
佛法就是幫助我們看清楚這個政權的非法性，
並透過修行推翻它，
恢復內在覺性的自主地位。

解脫

解脫不是出家人的專利，
每個被無明煩惱折磨的眾生都有解脫的需求，
同時也具足解脫的潛力。

道德和智慧

道德可以造假，智慧無法造假。
不要迷信道德，而要欣賞智慧。
真正有德行的人才值得尊重。

僧人的品質

脫俗和寂靜，
是僧人應該具備的兩大特徵，
缺少這樣的生命品質，
何以教化世人？
何以住持正法？

和自己相處

獨處，未必都會孤獨、無聊。
如果有正念，獨處就是面對自己，
和自己相處的機會。
只有當內心有許多期待和執著得不到滿足時，
才會孤獨、無聊。

跳出陷阱

培養正念，才能解開觀念的枷鎖，
跳出感覺的陷阱。

無我

無我，可以打破迷妄的自我，開啟本具的覺性。
無我，可以徹底瓦解貪瞋煩惱，
消除世間一切對立。
無我，才能平等地慈悲一切，
建立真正和諧的社會。

大我

有句話叫做「捨小我成大我」，
但要小心，
這個「大我」是廣大的眾生，
而不是巨大的自我。

獨身

心靈獨立、經濟獨立、生活能力獨立，
才能享受自由自在的獨身生活。
否則，獨身往往會變成孤獨。

生命的治療

釋迦牟尼曾經也是貪瞋癡的病患，
透過修行，
發現人類具有覺悟潛質，
具有自我治療的能力，
從而斷除貪瞋癡，
成為真正意義上的健康者
——一個沒有貪瞋癡的人，
一個充滿慈悲和智慧的人。

學佛須知

瞭解釋迦牟尼出家修道的經歷、
成道的方法、佛法的核心綱領，
以及佛陀一生說法的根本思路，
對於想要瞭解佛法或已經學佛的人而言，
非常必要。

人生的學習

人生的學習，包括生存、生活和生命的學習。
多數人都是停留在生存的學習，
缺少生活和生命的學習，
結果把自己變成賺錢的工具，
懵懵懂懂地度過一生，
浪費了寶貴人身。
學習佛法，可以幫助我們了悟人生真相，
完成生活和生命的學習。

解除迷妄

只有體認到空性智慧，
才有能力徹底解除迷妄的生命模式。

善業和覺性

善業，能讓我們生於善道，福德具足。
覺性，能讓我們超越輪迴，解除迷惑，
得大自在。

信什麼

一個人選擇一種膚淺的信仰，是因為他對人生缺乏深層思考，對信仰的要求很低。
一個人排斥一種智慧的信仰，是因為他有眼無珠。
一個人宣稱不信任何宗教，是因為他只關注現實問題，尚未開始追問生命永恆的困惑，意識不到宗教存在的價值。

一切皆有可能

無常，讓我們知道一切可以改變，
只要努力創造善緣，
美好的人生果實就可能實現。
無常，也說明吉凶禍福皆自有因果，
生老病死乃自然規律，
從而使我們坦然面對人生的種種不幸。

改變是人生的現實

改變是人生的現實，不可避免。
要學會接受改變，
體驗改變帶來的樂趣，
並在改變中成長。
如果一味抗拒改變，
只會帶來痛苦。

哪個更近

明天近，還是死亡近？
不要讓妄想和無謂的需求耗費寶貴人生！

仁者無敵

不容易

人本來很容易快樂，
因為培養了過多的需求，
以及由貪執產生的種種煩惱，
所以才變得不容易快樂。

唯一出路

選擇正念，
發展正念，
是生命唯一的出路。

學習的旅程

保守封閉、自以為是的人，很難有什麼進步。
擁有開放的心，看到自己的不足，
看到別人的長處，才能不斷向前。
生命就是一次學習的旅程，
不僅要學習生存和生活的能力，
還要學習生命的智慧，
才能不負此生。

第一時間

每一個當下，都是第一時間。

不堪重負

學會休息，學會放下，
才能健康而輕鬆地生活。
如果貪執難捨，不斷忙碌，
終將使人不堪重負。

逆境

事事順遂，生活安逸，容易使人渾渾噩噩。
而逆境和挫折有時反而會激發對人生的思考，
有助於心靈提升。

尊重

每個生命都是緣起的存在，
都有自己的成長規律，
需要理解，也需要尊重。
在這個前提下，
才能談得上交流和幫助。

你瞭解自己嗎

有人說我什麼宗教都不信，只相信自己。
可你瞭解自己嗎？
在迷惑的心靈世界中，
做得了自己的主人嗎？

欺騙

人們總是不願被別人欺騙，
卻寧願自己欺騙自己。

出世入世

佛教講出離，並非遠離世間，
而是深刻認識到輪迴的本質是苦，
認識到現有一切都是因緣假相，
從而放棄執著，
以超然的心態面對一切。
所謂以出世之心，做入世之事。

依止

修學佛法要靠自己的努力，
還要靠正確的方法，
所謂「自依止，法依止」。
而正確的方法離不開善知識的指導。

覺與不覺

凡夫是迷惑中的人，
菩薩是走向覺醒的人，
佛陀是完全覺醒的人。
凡夫與佛的差別，
只在於覺與不覺之間。

無謂的傷害

在這有漏的世間，
任何美好現象的本質，
都是苦、空、無常、無我的，
是如幻如化的。
如實觀照事物的真相，
就不會活在一廂情願中，
就不會受到無謂的傷害。

徹底的捨

捨，是佛法修行中的重要內容。
世人因捨財濟貧獲得人天福報，
聲聞因捨離貪著成就解脫聖果，
而菩薩則施捨一切，
甚至連涅槃都要捨去。
所謂「不住生死，不住涅槃」，
乃能成就無上菩提。
真是大捨才能大得。

可惜

因為社會教育的因素，
也因為教界自身的因素，
很多人對佛教存在誤解。
佛法這麼好，瞭解的人卻這麼少，實在可惜！
在充滿迷惑的人生旅途中，
如果沒有佛法的覺醒之光，會走到哪裡？

路不是一條

一個人活在特定的文化、制度、思想、觀念、需求中時，
以為現有的一切都是天經地義的。
跳出自我的局限，
才發現人生的道路無量無邊，
最重要的，是做出智慧的選擇。

放下自我

放下自我的優越感，
才能更好地認識世界，理解他人。

虔誠

虔誠，可以消除內心的局限，
使心回歸本然的清淨，回歸無限開放的狀態，
從而與法相應，與佛菩薩相應。

學佛

學佛並不只是祈求菩薩保佑事事順利，
關鍵是學習佛法智慧，
正視是非得失，寵辱不驚，超然物外。

勇於否定

瞭解到認知與真相存在的差別，
我們要勇於否定自己，才能洞見真理。

現實和信仰

人生有現實問題和信仰問題。
解決現實問題，
只是滿足暫時的需要；
解決信仰問題，
才能滿足永久的需要。

投入

學佛，要像海綿投入水中，內外都是法味；
不要像石頭，無論被多少法水包圍，
終究還是頑石而已。

不自欺

空性，不是否定現實的存在，
更不是逃避緣起的世界，
而是要幫助我們獲得認識真相的能力，
不迷惑，不自欺。

我與他

自我，沒有恆常不變的實體，
我與他也不存在絕對的界限。
瞭解到自他只是因緣假相，
才能減少隔閡，消除對立。

誇大

過分的期待和在乎，
往往使人誇大某些事的重要性，
從而帶來更多的痛苦。
就像盲目追加投資，一旦失利，
就會帶來更大的損失。

輸

可以輸在起點，不要輸在當下。
當下的選擇，才是改變未來的關鍵，
而起點只是往昔努力帶來的結果。

假名安立

名字只是一種代號，
語言只是一堆概念的組合，
都是假名安立，
並非事實真相。
認識到這個道理，
可以減少語言帶來的傷害。

牢籠

人被困在自我編織的牢籠中，
不得自由。
唯有發起真切的利他之心，
才能從中解放出來。

面具

面具戴久了，
自己都不知道本來面目是什麼。

疑

疑，會使人開悟，
所謂大疑大悟，小疑小悟，不疑不悟。
疑，也會讓人增長煩惱，
所謂疑神疑鬼。
疑，可能是開悟的手段，
也可能阻礙智慧的通達。
同樣是疑，卻有不同的作用。
小心，別用錯了。

大火

森林的大火正在逼近，
可有些人還企圖在森林中建立永久的家園。

幻想

人們把身體、身份等當作是「我」，
執以為實，乃至產生永恆的幻想，
就無法面對無常的現實。

轉化的智慧

缺乏智慧的人，
痛苦就是痛苦，
沒有任何正面意義。
具足智慧的人，
則能將痛苦視為老師，
從中獲得規避風險的經驗，
進而修正行為，離苦得樂。

覺醒之光

在這無明、浮躁而混亂的時代，
禪的覺醒之光，
可以幫助我們獲得寧靜與祥和。

背道而馳

許多人都是帶著有所得的心接觸佛法，
像是逛街購物一般，
只選符合己意的。
豈不知，滿足自我需求和成就解脫
往往是背道而馳的。

因陀羅網

佛教有因陀羅網之說，
揭示宇宙是無限的整體，
任何一點都能和整個宇宙發生聯繫，
都包含整個宇宙的資訊。
由此，佛教提出「一即一切，
一切即一」的思想，
這和現代的網際網路頗為相似卻又更為神奇。

宇宙的本質

宇宙因為生命的存在而有價值。
如果生命只是偶然現象，
只是人死如燈滅，
那我看不到生命存在的究竟意義，
也看不到宇宙存在的理由。
心的本質，就是宇宙的本質。
因為生命蘊涵著無限的價值，
所以，宇宙也蘊涵著無限的價值。

有跡可循

生命道路是有跡可循的，
此時此刻的行為，
將影響下一時、下一刻生命的開展。
所以說，你的行為，決定了你的命運，
決定了你的未來。

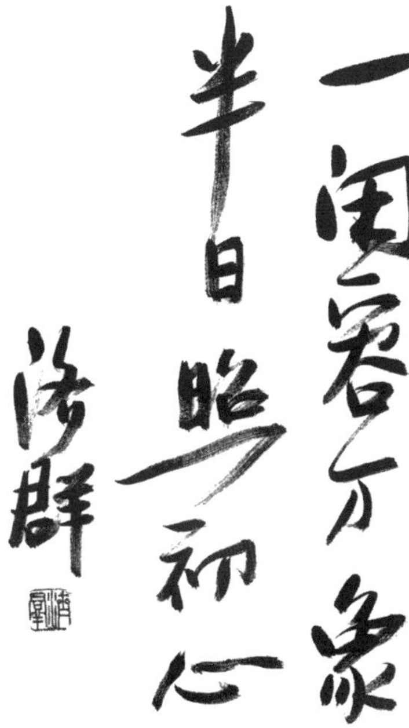

更重要

你是什麼，比你擁有什麼更重要。

腳印

人類的文明，沙灘上的腳印。

放棄

放棄並非都是消極，
能夠拿得起放得下，乃勇者所為。
佛陀便是最偉大的放棄者，
他放棄了家庭乃至王位，
放棄了對世俗的一切佔有，
為人類發現了覺醒之道。

保持覺察

保持覺察，
別讓妄想揮霍生命。

語

緣起

在各種緣起下，
發生什麼都是理所當然的，
因為一切的存在都有前因後果。
學會接納現實，正確選擇，
才不會一廂情願，
和世界形成對立。

可能

生命，可能是一場美妙的盛宴，
也可能是一場無盡的悲催。
關鍵在於我們選擇什麼，做些什麼。

出賣的代價

人把自己出賣給欲望之後，
得到一些享受，但要付出精力；
得到一些情愛，但要付出自由；
得到一些刺激，但要付出安樂；
得到一些風光，但要付出時間，乃至生命。

延長生命

減少一些不必要的需求，
每天就能多出很多時間。
如果把這些時間用於有意義的事，
生命就能因此延長。

連環夢

妄想不斷在編織輪迴的夢。
為了實現夢想，
我們疲於奔命，不得休息，
到頭來卻還是在夢中。

追求什麼

快樂不僅是一種感受，
同時也代表生命的內涵。
一個人追求什麼樣的快樂，
就意味著他擁有什麼樣的生命內涵及生存意向。

流逝

時鐘在搖擺，生命在流逝，無常不可抗拒。
許多人都在忙碌中走向衰老，
又在迷惘中走向死亡，
對生命的真相卻一無所知，
這就是虛度人生了吧。

善用時間

時間是寶貴的，但它沒法儲藏，
最好的辦法就是用足它，
用它來成就善業，增長福慧。

認識決定高度

認識決定高度，需求決定追求。
提高認識，提升需求，
是改善人生的重要前提。

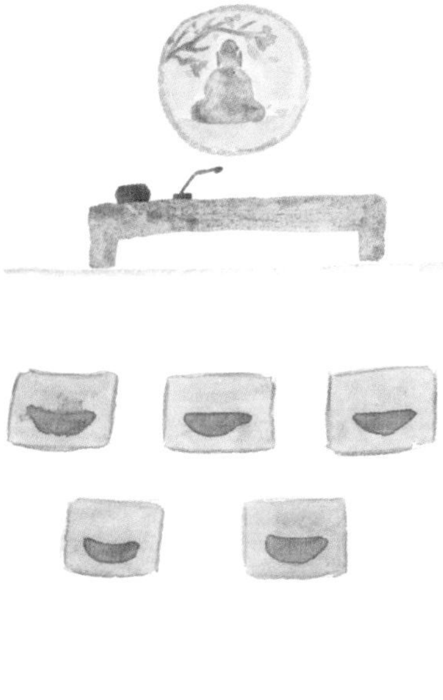

虛假的安全

對外物的依賴，只能帶來虛假的安全感。
因為一切都是無常變化的，
看似安全的東西，
其實，最多只有一層安全的外殼而已。

從一個到一切

愛一個人容易受傷，愛一切人反而不會受傷。
因為愛一個人會引發貪著，
而愛一切人則能生起廣大的慈悲。

活著的意義

有人問我：
出家人不喝酒、不吃肉、不成家，
這樣活著有什麼意義？
我想：如果一個人只是為了喝酒、吃肉、
成家而活著，這樣的人生有什麼意義？

結束

死亡不是結束，
愛會繼續，恨也會繼續。
只要不放下，一切都沒完沒了。

次品

生命也是一種產品，
沒有正見（正確標準）的引導，
只會不斷生產次品。

看不見的障礙

一個人的優點，
會把他的缺點掩蓋起來；
一個人的貢獻，
會把他的缺點保護起來。
所以，
他想要進步往往更不容易。

消費和投資

時間就是生命。
如果沒有清晰的目標，
它將在混亂的需求中逐漸耗盡，
成為無謂的消費。
唯有找到正確目標，
才會讓時間過得充實而有意義，
在利益自己的同時利益他人，
成為回報豐厚的投資。

換個環境

陷入強大串習不能自拔時，
適當換個環境，
有助於調整內心，
所謂「當局者迷，旁觀者清」。
而當串習得不到原有環境的支持時，
也會逐漸弱化，
便於對治。

同歸於盡

人類無盡的欲望，
不斷地榨取地球資源，
直到同歸於盡。

失落

佔有的滿足，
是產生失落的根源。

漩渦

輪迴很像一個巨大的漩渦，
把相關的人和事都捲進去，
形成巨大的引力，讓你難以逃脫。

標準

我們制定了許多產品標準，
卻忽略了做人的標準。
因為不重視做人的標準，
使產品標準也變得形同虛設，無人執行，
這就是假冒偽劣產品充斥市場的主要原因。

誰管誰

管不住自己的人，往往喜歡去管別人，
以此轉移管不住自己的遺憾。
如果連別人也管不住，
就加倍地遺憾了。

兩種人

愛生氣的人，總能找到許多生氣的理由，
然後理直氣壯地生氣。
有智慧的人，卻能在任何事情中汲取養料，
增長智慧，自然變得更有智慧。

方便和不便

不知不覺中形成的依賴，雖然帶來方便，
但也帶來不便。
因為失去依賴的時候，
你就會隨之失去平衡。

自我保護

煩惱也有自我保護的功能，
有時甚至會以假死蒙混過關。
如果不瞭解它的生存之道，
想動搖它並不容易。

我執和無我

在強烈的我執中，
也會口口聲聲地說著無我。
你，看清了嗎？

麻煩

有智商沒智慧，
有情感沒情商，
有財富沒幸福，
有家庭沒感情，
都是挺麻煩的。

津津有味

沉溺在無明中的人，
無論幹了多麼荒謬或無聊的事，
總是津津有味。

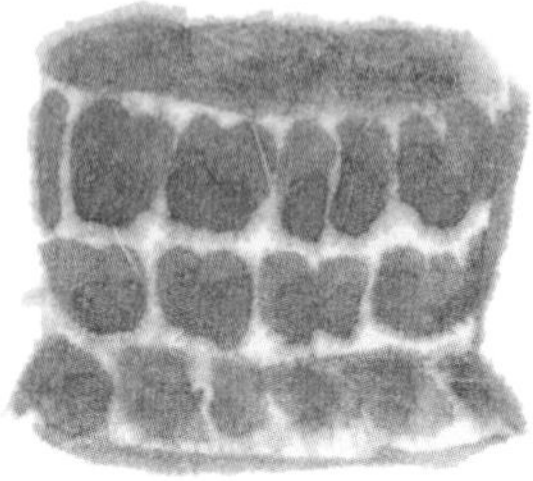

自以為是

每個人都有理由自以為是，那是個人權利。
但也必須承擔自以為是帶來的後果，
那是自作自受。

改變

如果沒有能力改變別人，就先改變自己。
一旦自己真正改變了，
總能或多或少地影響到別人。

金玉其外

一味注重身體的外在裝飾，卻忽略內在修養，
結果只能是金玉其外，敗絮其中。

無明的產品

我們現在的人格，其實是無明製造的產品。
你對這個產品瞭解嗎？滿意嗎？

富有的窮人

許多人因為對幸福的認識單一狹窄，
才會一葉障目，意識不到自己擁有的福報，
結果成為一個富有的窮人。

剩下什麼

有句話叫「窮得只剩下錢了」，
如果只是個人現象也算不了什麼，
但要成為一種社會現象的話，那就太可怕了。
因為大家都在努力把自然資源變成產品，
變成金錢，
最後這個地球真的會窮得只剩下錢了。

理想

要名要利的人，只能為了名利奔波操勞。
不要名不要利的人，
才能為高尚的理想而活著。

到底要什麼

城裡焦慮、浮躁、熱惱，
山裡悠閒、寂靜、清涼。
可是，
城市在不斷擴大，
山林卻在逐漸縮小，
人類到底想要什麼呢？

忙的慣性

一個人忙慣了，
最後就成了不怕累，只怕沒事幹。
至於幹什麼，
反而變得不重要了。

忍辱

佛教所說的忍辱，並非強壓怒氣。
而是透過智慧觀察，
瞭解到傷害我們的不是某個人，
正是對方的煩惱。
人在煩惱中是不能自主的，
這種煩惱不僅傷害了你，
也傷害了當事者。
認識到個中道理，
就會從對立轉為接納，
從惱恨轉為同情。

高雅的執著

搞藝術的，比常人更容易有宗教情懷，
卻很難認真學佛。
因為他們活在一種高雅的執著中，
自我感覺良好，所以不想突破自己。

完美人生

衣食無憂，有閒暇，
能夠聽聞佛法，走在覺悟的正道上，
這樣的人生很完美。

在乎

我們覺得很重要的事，
在他人看來並不重要；
我們覺得很好的東西，
他人未必也覺得好。
因為每個人在乎的重點不一樣。

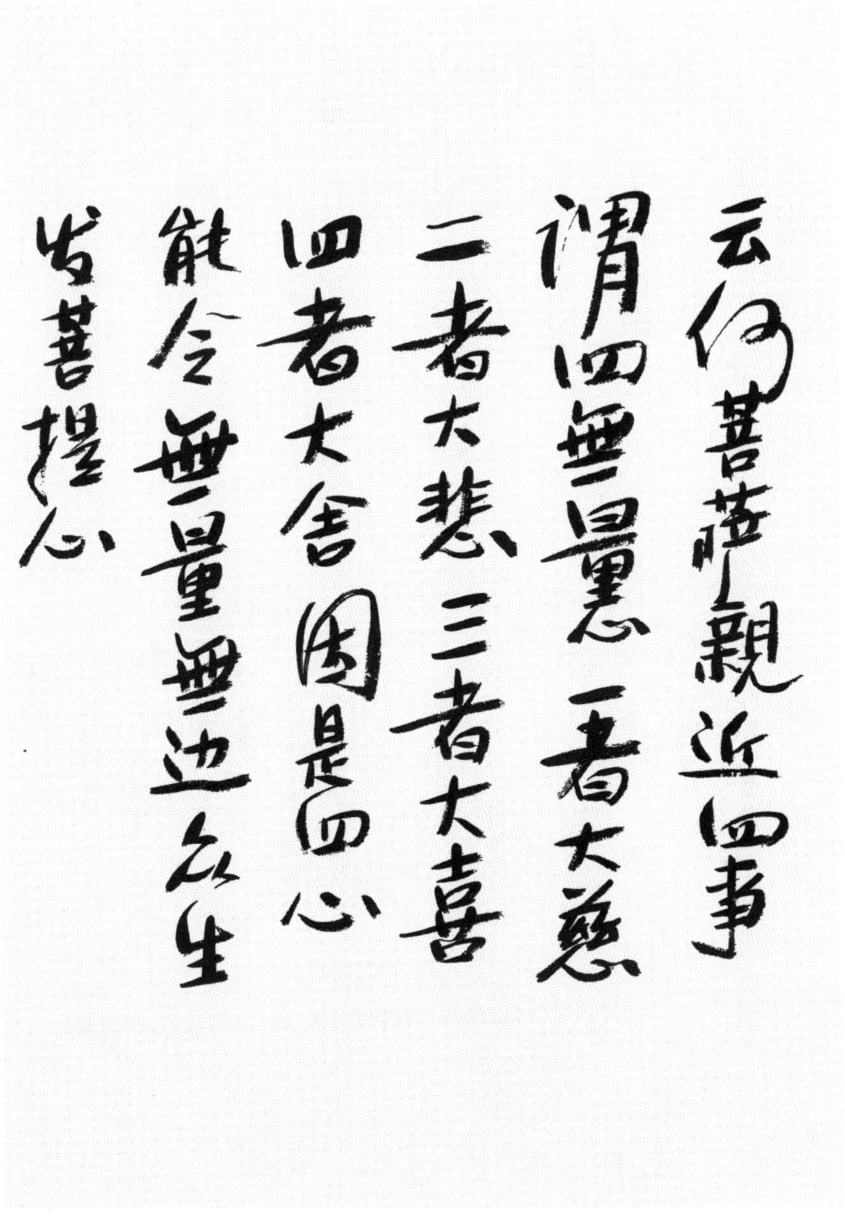
云何菩薩親近四事
謂四無量 一者大慈
二者大悲 三者大喜
四者大舍 用是四心
能令無量無边眾生
發菩提心

摧毀

有人拚命催著自己成功，
結果把自己摧殘了；
有人拚命催著自己享樂，
結果把自己摧毀了。

不必在意

每個人或多或少都被自己或他人PS過了。
所以不必太在意別人的看法，
那只是他們看到的。

環環相扣

生活觀念，決定了生活方式；
生活方式，形成了生活標準；
生活標準，影響了整個地球的生態環境，
也加速了人們為掠奪資源而進行的爭鬥。

依賴

年輕時培養了太多的依賴心理，
老來更容易遭遇孤獨。

假冒偽劣

製造假冒偽劣的產品，
是因為人格中有假冒偽劣的成分。
如果張揚了假冒偽劣的不良習性，
最後就會成為假冒偽劣的人。
這樣的人，即使騙得了一時乃至一世，
終究是騙不了因果，
保不住人身的。

一廂情願

看不清人際關係中的善惡因緣，
容易活在一廂情願中。

不輕信

每個人都是戴著有色眼鏡在看世界，
不要過於相信自己的感覺。

被動

被動地出生，
被動地衰老，
被動地死亡，
生命在被動中延續。

信不信

月亮本身並不發光，
如果不具備相關知識，
恐怕誰也不會相信。
因為多數人只相信眼睛看到的，
而不相信認識不曾抵達的部分。

功課

上學、工作、成家、立業，
都是人生的重要功課。
如果帶著學習的心態，
以此認識生活，
磨練自己，才能健康成長。

經歷

有些人需要不斷地去經歷，
在他沒有意識到問題時，
要幫助他改變是很難的。

膠布

執著就像身上黏得太緊的膠布，
撕開時往往讓人受傷，
甚至血肉模糊。

遺憾

不要因為一時的風光，
造成身後的遺憾。

承擔

你可以選擇自由，
但必須承擔這種選擇帶來的後果。

無能為力

自己不想改變，不做努力，
誰都沒有辦法救得了你。

輪迴

輪迴，
是需求、執著的發展和重複。

培福

惜福能讓福報持久使用，
培福能讓福報可持續發展。

合法嗎

財富是你所有，地球資源是人類共有。
享受個人財富是合法的，
浪費人類的共同資源卻是非法的。

被認可的貪執

道德、能力和良好品行，是美好而可貴的，
它會受到世人讚賞，
也會形成自我的高度期許，讓人產生貪執。
這種建立在自他認可基礎上的貪執，
往往更難超越，
從而成為突破自我、追求真理的障礙。

誤差

態度很好，工作很努力，
因為標準有問題，結果往往很糟糕。

賺錢和用錢

賺錢不僅要有智慧，更要有福報；
用錢不僅體現智慧，更體現德行。

兩面

金錢是福報，也是毒蛇。
如法求財，合理消費，金錢可謂福報；
非法求財，揮霍濫用，金錢不啻毒蛇。

簽證

時間在一天天地消失，
你在這個世界的簽證還有多長時間？
有沒有做好隨時離開的準備？

世間的比賽

看看誰的妄想最豐富，
誰做的夢最精彩。

不放下，就倒下

很累，如果還放不下，那就等著自己倒下。
你是選擇主動放下，還是被動倒下呢？

重複

很多人每天都在重複他的需求，
重複他的生活，重複他的工作。
日復一日，年復一年，
生命就在無盡的重複中延續著，輪迴著。

特殊身份

不要讓特殊的身份，
使你失去做人的常態。

自討苦吃

世界是無常的。
生活在無明煩惱中的眾生，根本就不能自主。
我們唯有接納各種現實，才不會受傷。
如果一廂情願地希望地球跟著你轉，
那可要自討苦吃了。

可貴的信任

人與人之間很容易產生誤解，
如果再有一些別有用心的安排，
簡直就糟糕透頂。
所以，必要的信任顯得特別可貴。
沒有信任，維護任何一種關係都是很辛苦的！

痛苦

一個人只在乎自己的痛苦，
就會陷入痛苦的深淵。
如果學會關心別人的痛苦，
才會從個人的痛苦中走出來。

業

佛教所說的業，就像是一種電腦程式，
每個人都是活在自己編寫的程式中。

色身

人死後留下的色身，
不及一片落葉可愛！

身份

身份只是你暫時使用的一個面具，
不要太當真！

莫羨人

每個人的業力不同，福報不同，
各有因緣莫羨人。

價值

富貴不等於幸福，
也不等於比別人活得更有價值。
身份不能決定人的貴賤，
行為的善惡才是判斷標準。
平凡的生活，只要健康並有益社會，
也很有價值，也能獲得幸福和樂趣。

守护正念

替代

吃飯無法讓人替代，
如廁無法讓人替代，
生病無法讓人替代。
同樣，解除生命內在困惑和煩惱也是別人替代不了的。
所以，我們必須學會自我拯救，
學會解脫煩惱的方法。

信以為真

有些人喜歡忽悠別人，
重複多了，自己也信以為真，
結果把自己也忽悠了。

幸福而自由

幸福是有條件的。
對於這種條件的執著，
會對人產生制約，形成束縛，
從而使人失去自由。
唯有具備超然的心態，才能幸福與自由並存。

調整自己

我們要學會調整自己，改變自己。
如果一味要求他人，
或是把希望寄託在別人身上，
那是非常辛苦的。

折磨

煩惱，
使許多人都在自我折磨和相互折磨中度過。
通常情況下，我們總是責怪對方，
覺得那是帶來折磨的原因。
其實，真正的肇事者是煩惱而不是其他。

原地踏步

許多人的人生，就像籠內的白鼠，
貌似在不停奔跑，
實際卻還在原地踏步，
只是一味的低級重複而已。

慎獨

獨處時的行為，
一樣會對你的生命產生莫大影響，
所以要慎獨啊！

無常

無常，揭示了世界真相，
說明一切都不是永恆的，
都是可以改變的。
它既能變好，也能變壞，
關鍵取決於我們付出什麼樣的努力，
創造什麼樣的因緣。

計白當黑

中國畫講究「計白當黑」。
其實，人生也需要這樣的留白。
留一些和自己相處的空間，
留一些什麼都不做的閒暇，
不要急於讓你的每一分鐘都留下痕跡，
最後反而成了一片什麼都看不清的墨團。

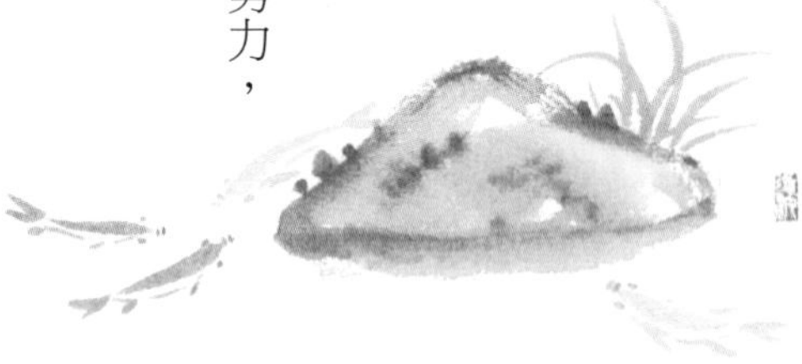

日復一日

有些人每天吃飯、睡覺、上廁所、說些廢話、
幹些無聊的事，
日復一日、年復一年，究竟為了什麼？
為了每天吃飯、睡覺、上廁所、說些廢話、
幹些無聊的事。

籠子

傍晚下山，路過一所中學，看到鐵門緊閉。
由此想到許多人的一生：
上學，被關在學校裡；
成家，被關在家庭裡；
上班，被關在公司裡；
死了，被關在盒子裡。
關，不只是環境因素，還有精神因素。
人的一生似乎都在編織屬於自己的籠子，
然後自豪地把自己關在籠中。

壓力

壓力從哪裡來？
往往來自過高甚至是盲目的期待，
當我們設定必須達到某個目標而
出現障礙時，
壓力就隨之產生了。

擁有的負擔

擁有，同時也意味著負擔。
正常的擁有不會帶來傷害，
對擁有的執著才會造成傷害。

邪知邪見

一個人雖然具備崇高的理想，
但對人生缺少正確認識，
而是帶著邪知邪見，
終究會傷害到自己和他人。

三種學問

人生有三種學問：
一是生存學，二是生活學，三是生命學。
生存學是探討如何生存的問題；
生活學是探討生活的健康和幸福；
生命學是探討生命存在的永恆困惑。
它代表人生追求的三個階段，
也代表生命的三種境界。

學習

對事情沒有瞭解之前，
不要輕率地肯定或否定，
避免落入偏見或錯誤設定，
自誤誤人，貽笑大方。
唯有時時保持學習的態度，
才能從中受益，從中成長。

不穩定的愛

人間情愛是建立在渴求的基礎上。
當你愛上他人的時候，
也是在建立對愛的渴求和執著，
這就要求雙方形成對應關係，
並保持專注和穩定，
才能從中獲得幸福。
但在這充滿無常和誘惑的時代，
保有專注和穩定變得尤其困難。
所以，今天的愛情會面臨更多的不確定性，
得到幸福的難度也就更高。

悲催

煩惱、業力形成了各種家庭關係、社會關係，
使人不斷地自我折磨和折磨他人。
輪迴就是這樣一個相續不斷的折磨過程。
悲催啊！

換位思考

人都很愛護自己，但因為煩惱驅使，
常常做出自我傷害的行為。
同樣，他人對我們的傷害也來自於煩惱，
對方很可能是身不由己的，
所以應該心生憐憫，
而不是相互報復，彼此傷害。

決定

我們接受的教育和經歷的生活，
無形中都在編織我們的認識和需求模式。
它決定了我們怎麼看世界，怎麼選擇生活，
也決定了我們會有一種什麼樣的人生。

消耗

沒有明確的人生目標，
生命就會在浮躁和混亂中消耗殆盡。

沒有盡頭

事情總是越做越多。
如果不能主動選擇或果斷放下，
這種忙碌的日子是沒有盡頭的。

審視

審視一下我們每天的生活，
給未來生命的成長留下什麼？
是財富，還是垃圾？

閒得發慌

為什麼有些人會閒得發慌呢？
因為他們一閒下來，
就找不到自我的存在感了。
為了證明這個「我」是存在的，是有用的，
就得不停地做著什麼，玩著什麼。

放假

放假，是用來滿足平時被壓抑的各種需求，
玩得疲憊不堪，
還是用來讓疲倦的身心好好休息一下？
可是，我們還有能力放鬆地休息嗎？

妄想

為什麼現代人妄想特別多，
因為妄想的生存條件很優越。

看不慣

有時我們覺得別人庸俗，看不慣別人，
不知這種想法卻是一種傲慢的心理。

警惕

警惕！
執著是在不知不覺中形成的。

理想化

不要過於理想化，
也不要活在自己的虛構中。
在這有漏的世間，
有問題很正常，
沒問題才是超常的。

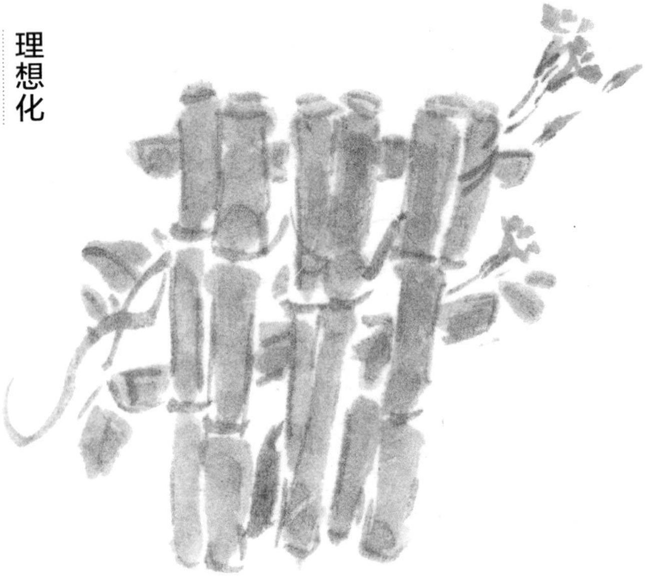

尊重生命

對待動物的態度，
體現了人類的文明程度。
如果對動物缺乏基本的關愛和尊重，
甚至隨意虐待，
一旦掌握生殺大權，
對同類也不會心慈手軟的。

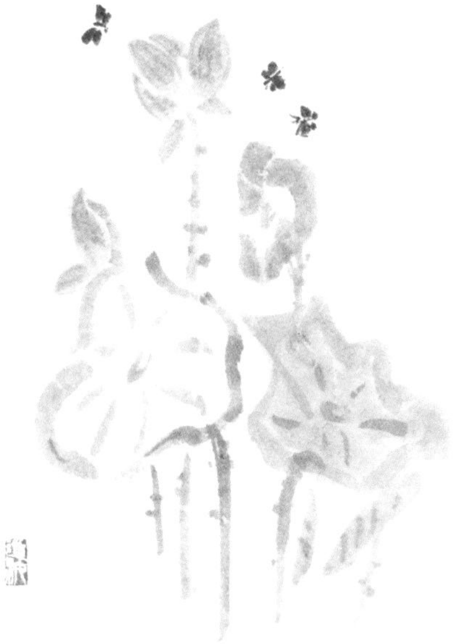

大自然說法

地震，是大自然在說無常法。
永恆是一種幻想，
無常才是世界的真相。

不甘休

多數人都在瘋狂地忙碌著，
似乎不把自己累壞，絕不善罷甘休。
這麼做貌似很有為，
但這些行為的價值是什麼？
給自己帶來幸福了嗎？
對社會健康發展有正向意義嗎？

一文不值

有人收藏了一輩子古董，老來卻為此煩惱。
這些東西貌似很有價值，可在生死面前，
除了讓你糾結不捨，實際上一點都幫不上忙。

沒有信仰

有些人宣稱自己沒有信仰，
這說明什麼？說明他並不清楚信仰是什麼，
不清楚信仰對於人生的重要性。
同時也說明他對人生缺乏深層思考，
從未涉及生命存在的永恆困惑。

水到渠成

尋求正當的努力，對於結果不要太在意。
如果因緣不具足，著急也沒用。
一旦因緣具足，自然水到渠成。

有福和沒福

沒福報的人，
不能安貧樂道就很苦；
有福報的人，
如果貪著福報就很累！

知足

幸福來自於滿足感。
欲望越少，越容易滿足，
也就越容易幸福。
所以古人云：知足常樂啊！

消費

現代人的消費，
多半是為了消遣而浪費資源，
或者是浪費錢財來消磨時間。

珍惜

在無限時空的無數生命中，
兩個生命要發生聯繫，
是一件多麼不容易的事，
所以要珍惜緣分。
珍惜，善待，但不執著。

愛情

愛情是一種心靈病毒，
一旦感染，容易產生偏執和幻想的症狀。

隱士

現代人做隱士，
多半是想做被圍觀並談論的隱士，
所以很快就藏不住了。
如果當「隱士」也能成為一種行為藝術，
這個社會還有什麼不能拿來消費的呢？

吃苦

許多人寧願受不良習性支配，
在生活中吃盡苦頭，
也不想學一些人生智慧，
主動改善自己的生命品質。

騙局

「我」是生命中最大騙局，
無論我們如何為之賣命，最後無不抱憾而終。
因為我們所認定為「我」的一切，
終究都要離我們而去。

諒解

諒解，是因為理解而彼此原諒，
因為原諒而彼此解放。

不貶值

如果價值來自於內在德行，
永遠都不用擔心貶值。
因此，修身養性是人身最好的投資。

繩子

貪執像根繩子，把人綁在輪迴中不得自由。

寬以待人

自己身上一大堆缺點，
卻帶著理想的眼光看別人，誰也看不慣。
可你看不慣別人，別人也看不慣你。
須知我們都是凡人，充滿煩惱，
存在這樣那樣的問題很正常。
我們應該相互理解、接納，彼此寬容、鼓勵，
才能共同走出生命的迷惘，走上覺醒之道。

風光

世間的風光，有時一陣風就吹光了。

落葉

學會像落葉一樣，
安靜地躺在大地上，
看看天空和白雲，
是一件很享受的事。

審時度勢

隨緣，不是隨意，不是隨便，
不是消極應付，更不是放任自流，
而是要我們跳出主觀設定，客觀地審時度勢，
然後做出智慧的抉擇，並加以努力。

沒譜

缺乏做人的教育，人活得越來越沒譜了。

為難自己

不斷提高生活標準，簡直在跟自己過意不去，
因為它使生存變得更艱辛，
使幸福變得更難得。
也許有了這個經歷，
我們才能體會到知足常樂的好處。

選擇題

有些人在別人眼光中很風光，
實際並不幸福；
有些人雖沒有世人羨慕的富貴生活，
卻享有簡單而單純的幸福。
你會選擇哪一種？

夢話

有些人做夢也想聽到別人的「好話」，
所以最後聽到的都是「夢話」。

慢樂

大家都在互祝快樂，
我看快樂不及慢樂！
快樂總是來去匆匆，
慢樂則能慢慢享受，
回味無窮。

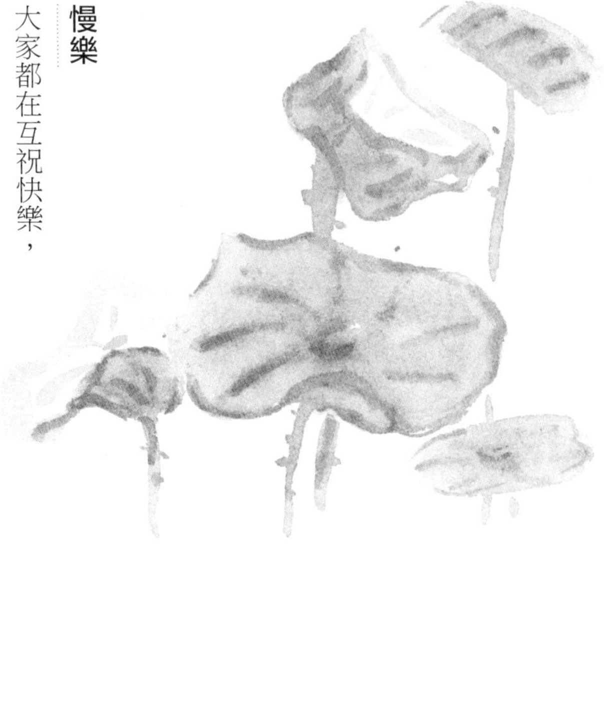

做大事

做大事有幾大好處：
一是不容易失敗，因為不容易成功；
二是不容易失業，因為短期內做不完；
三是不容易執著，因為找不到執著點；
四是做不好比較有藉口，
因為本來就不容易做好；
五是不用著急，如果因緣不成熟，
一個人乾著急也沒用。

起點

生命是無盡的積累，
每個人來到世界的起點都不一樣。
明白這個道理，
我們才能平靜地面對人生，
而不是怨天尤人。
同時也知道，如何努力才能改善命運。

正知正念
回歸本心

左右為難

擁有自由的時間，
還要有自由使用時間的能力，
否則要把身心安頓好也是不容易的。
有些人上班時盼望假期，
而有了假期又覺得無聊，
不知該怎麼過日子，這是為什麼呢？

不同需求的結果

為滿足自我而產生的需求，
就會產生貪執，引發煩惱；
為了幫助大眾而產生的需求，
能成就慈悲，帶來利益。

發現問題

發現問題，是檢討自己還是責怪他人？
思維方式不同，產生的效果也大不一樣。

愛國

愛國不是一句口號，
而是應該熱愛這片土地，
熱愛生活在這片土地的人民，
熱愛這個國家的優良傳統。
由衷地這麼想，
也認真地這樣做，
才是真正的愛國。

心和物是什麼

物質是什麼？
物質有不變、不可分割的實體嗎？
心是什麼？
心有不變、不可分割的實體嗎？
在心和物的世界中，
如果找不到不變、不可分割的實體，
這個世界存在的基礎又是什麼？

辛苦

現在人總覺得累，
因為他們用一種辛苦的方式賺錢，
再用一種辛苦的方式把它花掉。

惜物

惜物就是惜福。
沒有福報的話，會活得很辛苦！

這算慈悲嗎

如果你支持他人無明的舉動，這算慈悲嗎？

死亡列車

整個社會都在忙碌地製造需求、發展需求和
滿足需求。
這些需求是我們必要的嗎？
它對我們而言，是增加了享受，
還是增加了壓力？
大家都在拚命追求發展，
可發展的意義是什麼？
如果搭上一列通往死亡的列車，
我們希望它開得快些，還是慢些？

廣結善緣

多做善事，廣結善緣，就會更有福報。
有了福報，才會有更多的機遇，更容易成功。

隨緣

佛教有句話，叫作「因上努力，果上隨緣」。
也就是說，在我們可以把握的部分盡力而為，
至於最終結果如何，
就順其自然而不是一味強求。
倘能做到這一點，不論面對什麼，
都不會構成壓力了。

習慣

人總是在習慣中輪迴。
如果沒有能力擺脫固有慣性，
就別想過自在的日子。

裝飾

有些人在生活中充滿佛教的裝飾，
言行中卻沒有一點佛法的內涵。
這能算是佛弟子嗎？

可怕的「正直」

正直是值得讚賞的，
但正直的人如果認識有偏差，
缺乏正確的是非標準，而又自以為是，
這樣的正直卻是可怕的。

傳統

傳統，可能是優良傳統，
也可能是陳規陋習。
缺乏辨別的智慧，
我們很可能成為它的受害者，
而非受益者。

保有獨立

有的人很「無我」地愛上他人，
其實並非真正的無我，
而是把對方執以為「我」，執以為一切。
因為太「無我」，萬一對方不再愛你，
就覺得活不下去了。
在這個浮躁多變的時代，
愛上一個人時別太「無我」，
而要保有一定的獨立性，
否則會深受其害。

快樂之道

生財有生財之道，快樂有快樂之道。
富甲天下未必就能快樂，
唯有瞭解痛苦產生的原因和
究竟解除痛苦的方法，
才會獲得真正的快樂。

消耗

生活條件複雜了，就會有許多瑣事要處理，
大量寶貴時間就消耗在這些無謂的事中。
生命的意義在哪裡？

負擔

需求的滿足，
在帶來幸福的同時，也會帶來負擔，
而負擔時常淹沒了幸福。

飛船

地球像一艘飛船，行駛在茫茫宇宙，
我們只是飛船上的暫時乘客。
不要以為自己可以永久地待在這裡，
趕緊考慮下船後上哪去吧！

命運

對輪迴的認識，
有助於我們更好地理解人的天賦、
緣分和命運。

清福

洪福雖能帶來某種滿足，
卻是很累人的，
還有這樣那樣的副作用。
清福則讓人輕鬆自在，成本又低，
可惜多數人不會享受。

縱容

縱容不良需求，好比養虎為患，
會帶來無盡麻煩。

福報

生活中，很多人都被福報嗆著了，
能夠正確面對福報，是需要智慧的。

沉重

執著產生負擔，負擔使人活得沉重。
放下執著，也就放下了負擔和沉重。

逆水行舟

從輪迴道中走出，就進入菩提道；
從菩提道上掉隊，又將回到輪迴道。
修行如逆水行舟，不進則退；
又如一人與萬人戰，不是你死就是我亡。

套牢

當我們有了某種強烈的需求時，
往往會把這種需要的重要性擴大了，
以為它是必需的，
結果就被套牢了。

自找麻煩

缺少如實的智慧，跟著感覺走，
或是活在錯誤的想像中，
會給人生帶來無盡的煩惱和麻煩。

偏執

偏執，使人活在主觀的設定和期待中，
不能隨緣面對一切。
遠離偏執，接納現實，
才能隨緣自在。

休息

現代人總是喊忙，總是喊累，
其實他們往往不是沒有時間休息，
而是沒有能力休息。

不再等待

生命不再等待，
你這一生還有多少時間可以使用？

福報減少

大地生長的瓜果蔬菜，
營養和味道都越來越差。
因為揮霍無度，
人類的福報正在逐漸減少。
人們貌似很富有，
卻並不享受，
並不幸福。

人類的教育

教育不該只是為了獲得生存技能，
如果停留在這個層面，
可能還比不上動物界的教育，
因為動物的教育也講究行為準則，
講究同類間的相處之道。
做為人類的教育，
更應該重視正確價值觀和世界觀的建立，
重視健康人格及健康心理的養成，
這些教育才能保證國民的基本素質。

增值

有人說，吃掉的是財產，留著的是遺產。
而佛教認為，財富享受掉就沒了，
保存著也未必屬於你。
唯有用於利益大眾的事業，
才會長久屬於你，並不斷增值。

菩薩和俠客

菩薩和俠客的不同在於，
俠客在除暴安良時，往往疾惡如仇。
而菩薩則平等看待眾生，
即使對惡人惡事，依然保有慈悲之心。
哪怕給予嚴厲懲罰，
也是為對方的長遠利益著想，
也是慈悲對方的一種方式。

中心

以自我為中心，會增長我執我見，
帶來貪瞋煩惱。
以三寶和眾生為中心，
可以弱化我執我見，成就慈悲智慧。

過客

南來北往的人群，誰不是過客？

貴賤

行為決定人的貴賤，
不是出身，不是學歷，不是地位，
不是外在的一切包裝。

擁有

擁有，要懂得珍惜，
否則就會很快失去。
擁有，更不能產生貪執，
否則就會帶來巨大的痛苦。

愚人節

無明中的眾生每天都在過愚人節，
因為他們把荒謬的生活過得津津有味。

險境

在今天這個喧譁的時代，紅塵滾滾，
誘惑重重，
加之缺乏道德底線和做人標準，
想要不犯錯是很難的。
你，看清自己所處的險境了嗎？

欲望的叢林

城市是欲望的叢林。
無明創造的各種需求，
使人欲罷不能，卻又心力交瘁。

主宰

需求和執著，
使許多無足輕重的東西變得無比重要，
也使許多從未有過的東西變得必不可少，
甚至主宰我們的一切。

變質

因為夾雜著我執，
我們在不知不覺中，
就會把幫助演變為佔有，
把奉獻演變為索取。
在給他人帶來幫助的同時，
也給自他雙方帶來很多潛在的麻煩。

人生追求

許多人有錢有勢，
擁有的財富幾輩子甚至幾十輩子都用不完，
可他的追求還是停留在生存層面，
既不懂得如何健康生活，
也不知道怎樣探究人生價值，
真是白白浪費了今生的福報。

供需關係

這個世界充滿誘惑，
因為多數人都在透過製造誘惑獲得利益，
或是透過被誘惑而排遣空虛。

價值何在

有些人辛辛苦苦地賺錢，
既不能給自己帶來幸福，
也不能造福於社會，其價值何在？

無所依

有位老先生來訪，
說年輕時全身心投入工作，
退休後精神空虛，生活無聊。
白天無所事事，晚上輾轉難眠。
在一個忽視信仰和精神生活的社會，
這是必然出現的現象吧。

發展什麼

如果發展是在加速世界毀壞，
我們還應該推動嗎？
如果發展是在給人帶來痛苦，
我們還應該追求嗎？
發展本身並沒有過失，
關鍵在於發展什麼，又如何發展。
可是，人類是否有智慧建立正確的發展目標，
選擇正確的行為方式呢？

副作用

我執我見太重的人，
當他貢獻越大的時候，
由此帶來的麻煩也會越多。
因為貢獻也會被他當做我執的資本。

異化

出眾的能力，本是可貴的人生財富，
但若缺乏正確的價值觀，
卻很容易成為傲慢的資本，
甚至成為作惡的助緣，
不得其益，反受其害。

財富

我們的寶貴人身還剩下多少時間？
如何才能有效使用？
要知道，這可是人生最大的財富啊！

打工

我執形成了自己特定的認知模式，
來為它的存在服務。
我們似乎每天都在為自己打工，
可是，這個自己是「我」嗎？

緣分

世間存在各種各樣的緣分，
這一切都不是偶然的，
而是往昔生命留下的痕跡，
也是眾緣和合成就的機會。
看待緣分，需要客觀；
選擇緣分，需要智慧；
轉化緣分，需要善巧。

自私

自私使人變得渺小，
放棄自私，也就放棄了渺小。

慘了

人活著不能沒有目標、沒有信念。
但如果為了一個錯誤的目標和信念活著，
那就太慘了。

關心什麼

孩子會問：人死了去哪裡？
天空有沒有盡頭？
長大了，卻只關心上學、工作、結婚、生子。
而有些老年人，整天關心的不過是三餐而已。
真是小孩關心大問題，大人關心小問題。

合格的人

生而為人，只代表我們取得做人的資格，
但要成為合格的人，還得不斷學習，
學做人，學做事。
古聖先賢都重視做人的教育，
以此為人生根本，也是做事的基礎。
時下的教育只管做事而不管做人，
正是一切問題產生的根源。

無休止

死亡是恐怖的，
死了之後生命不能就此結束，
更為恐怖。
因為對有些人來說，
生命將無休止地痛苦下去，
沒有盡頭。

脆弱

當生活有了更多便利時，
我們卻比以往更累，也更脆弱。
我們依賴的支撐越多，
潛在的不安全因素也就越多。
因為在每一種需求中，
都伴隨著需求無法滿足時帶來的恐懼、
不安和痛苦。

成功

不忘初衷，堅持信念，持之以恆，
這種人成功的概率比較高，值得欽佩。
可是如果認識有問題，
這種成功就未必可取，
甚至可能是有害的。

輕鬆

學會有選擇性地偷懶，
可以讓生活變得輕鬆些。

情愛和慈悲

建立於自我需求的愛，只是凡夫的情愛。
唯有超越自我需求，從眾生的利益出發，
才能生起無限的慈悲。

攀比

攀比會引起競爭，
競爭會增長我執，
從而製造對立，
不利於社會的和諧安定。

是非

偏聽偏信，片面認識，
容易對人產生誤導。
如果再加以傳播，就會成為是非。
所以，不要傳播不確定的消息，
不要批評或譴責沒有把握的事，
或者講一些容易引起糾紛的話。

輪迴的主角

輪迴是以我執為主角，以貪著為依託。
了知無我，解除貪著，就能止息輪迴。

輕信

不要聽到一些傳言，
就輕率地相信或作出評判。
語言有極大的片面性和欺騙性，
不少人正是利用語言的這種特徵達到個人目的，
同時也有不少人因此受到傷害。

梦幻
泡影

好死

死和生不可分割，誰都無法逃脫。
好死，古人列為五福之一，
是美滿人生的重要組成部分。
學會面對死亡，是人生的重要功課，
應該認真準備，免得臨終時手足無措。

大力士

睡眠的力氣很大，
能力再大的人也要被打倒。

生病

生病，說明身體會壞，
也說明身體並非我們可以完全自主。
這是無常的提醒，
也是修行的增上緣。

進步的機會

任何改變，
都是一次進步的機會。

文明的背後

高度文明的背後，
是高度的無明。

扮演

不少人學佛之後，很善於扮演佛教徒。
這固然沒什麼不對，但若把功夫都用在表面，
就本末倒置了。

複雜

人事糾紛總是錯綜複雜，
誰對誰錯，單憑一面之詞，
很難做出正確判斷。

福報五事

如何面對福報？
一、不沉迷於福報；
二、不讓福報成為不善心行的助緣；
三、不要只做福報的消費者；
四、要惜福；
五、多做善事，播種福田，讓福報可持續發展，最終成為菩提資糧。

是非不分

沒有大是大非的觀念，
很容易根據感覺和眼前需求建立是非。
而感覺和需求是變化的，
這個是非也會隨之變化，
最後變得是非不分。

業力

業力，是身體、語言、思想活動後
留下的心理力量，
它造就了我們的心態和人格，
也決定了未來生命的延續。

多餘的關心

關心，對需要的人才有價值，
否則是多餘的，
甚至會成為對方的負擔。

廣義的親情

一個獻身於大眾事業的人，
對親情的依賴會相對減少，
因為他把社會大眾當做親人了，
這是一種廣義的親情觀。

羨慕

住別墅，吃有機蔬菜，喝乾淨的水，
呼吸新鮮空氣。
有田地，可以種菜，可以種茶；
有閒暇，可以聽風、聽雨。
夏日午後，林下納涼，喝茶，聊天；
夜宿涼台，觀星，賞月。
這是城裡有錢人嚮往的生活，
卻是有些山裡人的普通生活。
山裡人如果能認識到這是一種理想的生活條件，
就不會羨慕城裡人了。

奢侈品和易耗品

時間，是限量版的奢侈品，
也是不知不覺就揮霍一空的易耗品。
你把它當做奢侈品的時候，
人生會因此而增值；
你把它當做易耗品的時候，
人生就因此而折舊，乃至報廢了。

發展

到處都是工地、商店、廠房，
人人都在談業務，搞交易。
人心浮躁不堪，社會忙亂無序，
這就是所謂的發展嗎？
這就是我們要追求的幸福生活嗎？

忙著浪費

大好時光在忙碌中度過，也是挺浪費的。

糟蹋

廢話就是人生的頭皮屑，
再好的形象也會被它糟蹋了。

暫居

人類只是地球的過客，
家庭只是暫居的旅店。

甘願

為什麼很多人甘願做事業的奴僕？
因為他們雖然幹的是奴僕的活，
卻享有主人的風光，
可以讓自我的重要感得到極大滿足。
因此，即便再苦再累，
也在所不辭。

人身難得

意識到死亡與無常的威脅，
就會抓緊時間，
選擇對生命成長有價值的事，
而不是整天忙於俗務，
或者用各種娛樂打發時間，
活在習慣性的麻木中。
須知，人身是很難得的！

紅塵中

有專家來訪，交流了一些佛學及人生問題，
隨行的一位學生聽了談話說：
「我開悟了！千萬別，
我的紅塵生活才開始呢。」
其實，學佛並不一定要放棄紅塵，
而是幫助我們更有智慧地生活，
包括在紅塵中。

理性審視

不要因為觀點和自己相同，就欣然接受；
也不要因為看法和自己相異，就產生排斥。
應該學會理性地審視一切，包括面對自己。

相信誰

在這個時代，我們應該相信誰？
我們還能保有正確的判斷力嗎？
我們究竟活在一種什麼狀態中呢？

減壓

需求和執著給人帶來無盡的麻煩和壓力，
減少需求和執著，也就減少了麻煩和壓力。

死生如晝夜

死生如晝夜。
一般人只考慮生，從不關心死。
一旦死亡降臨，就會不知所措。
對生的執著不捨，以及不知死後去向的恐懼，
使人對死亡充滿抗拒，最後也只得無奈離去。
如果有信仰，在臨終時有心理引導，
不做無謂的搶救和抗拒，才能安然離去，
否則往往死得很慘。

執著會成為期待

執著會成為期待，期待得不到滿足，
就會成為傷害。
有不少父母為子女過多付出，
對子女的執著很深。
當他們進入晚年時，
如果不能得到子女的孝敬，傷心就在所難免了。

致富之道

生活簡樸，節約開支，
也是很好的致富之道。
當內心沒有匱乏感的時候，
你就是最富有的人。
反之，即使坐擁天下，也是窮人一個。

不如

有很多食物但沒有胃口，
有很多享樂但沒有心情，
不如生活簡單，胃口好，心情好。

有藥可救

一個人無論多壞，只要懂得羞恥，
說明還是可救的。
因為，羞恥心是道德建立的基礎。

率真

做人率真些、傻些，可能會更可愛。
過於世故精明，雖然看起來樣樣周到，
但有時反而會讓人恐懼，乃至生厭。

真誠的力量

真誠、善良是有力量的，也是社會需要的。
真誠、善良的人，
終歸會得到大家的認可和愛戴。

取捨

我們創造了很多方便，
帶來了舒適的生活，
但也因此製造了過多依賴，
造成心靈的不自由。
如果舒適與自由不能兼得的話，
你會選擇什麼？

片面

一個再好的人也有缺點，
如果有人別有用心地誇大他的缺點，
很可能被視為壞人。
相反，一個再壞的人也有優點，
如果有人片面渲染他的優點，
很可能被當做好人。
人的認識和語言都有很大的片面性，
所以要用智慧加以判斷，
否則，每天都會活在自我欺騙和被欺騙中。

金剛怒目

慈悲未必要事事順從，
也未必是和風細雨。
為了降伏暴惡眾生，
令其停止自害害他的惡行，
同樣可以表現為金剛怒目，給予嚴懲。

要什麼

有些人擁有用之不盡的財富，
可以隨心所欲地購買物品，
但就是買不到幸福。
有些人擁有炙手可熱的權力，
可以隨心所欲地支配他人，
但就是對自身煩惱束手無策。
有些人擁有自由自在的內心，
面對任何境界都能隨遇而安。
你希望選擇哪一種人生呢？

月光和燈光

今天這個時代，
月光彷彿被燈光稀釋了。
我們難以看到月光的清涼，
也不再感受這種清涼的撫慰。

發展

從人類的眼前利益來看，
似乎發展是硬道理。
從生態環境的平衡來看，
或許不發展才是最好的發展。
如果盲目追求發展，速度越快，
也可能毀滅的越快。

春運

春運，很多人被運來運去，
是看得見的親情，
也是看不見的執著。

能力

檢討自身過失，
隨喜他人功德，
這是我們應該學會的能力。

貌似真實

有些人總是活在幻想中，
努力追逐幻想的影子，
並成功地欺騙了自己，
貌似真實地活著。

不枉生而為人

有校長來訪，他說：
「幾十年來為身份、為工作忙忙碌碌，
現在退休，總算可以做人了。」
能夠想到做人，就不枉生而為人了。

因材施教

為人父母，往往望子成龍。
但若不顧實際情況，
一廂情願地希望孩子成為什麼樣的人，
結果會令彼此都很痛苦。
不要把自己的期待強加於孩子，
更不要把自己未曾實現的理想轉嫁給孩子。
教育需要啟發和引導，而不是任意干預。

改變生活方式

工業文明給人類帶來的最大影響，
是生活方式的改變。
這種生活雖然豐富便利，
卻在短短百年間消耗了地球的大量資源，
使生態環境迅速惡化。
同時還帶來快節奏和高壓力的生活，
不利於心靈健康。
所以，無論是提倡環保還是心靈環保，
都必須從改變生活方式入手。

態度和方法

在修學中，有了真誠、認真、老實的態度，
才能與法相連；
有了理解、接受、運用，才能於法受用。
否則，無論如何用功，都難逃凡夫心的掌控，
反而會把凡夫心武裝得更高級。

理性

理性是雙面刃，既能使人得到提升，
也能將人導向毀滅。
所以，接受智慧的認識，
建立健康的理性，對人生極為重要。

輪迴是苦

如果一個人建立了某種不良串習，
他的麻煩是沒有盡頭的，
真是輪迴是苦啊！

出偏

如果人生觀出了問題，
無論自以為走得多麼正，
終究不是在正道上，
因為方向早就出偏了。

謹言

說話的時候，
要考慮一下會不會傷害到他人，
謹防因為口業結下怨仇。

事與願違

有些人具備優秀的素質，
對社會也有良好的願望，
但因為認識的偏差，
他的努力並不能對社會發展帶來正面意義，
甚至還有不少負面作用，
真是一件令人遺憾的事。

惑業

輪迴的本質是惑業。
真切認識到惑業的過患，
必然願意生起出離解脫之心。

能量有限

身體的能量是有限的，
使用多了，終歸會累；
操作不當，往往會病。
瞭解身體的性質以及它和我們的關係，
合理使用、注意維護並定期保修，
同時也要坦然面對它終將報廢的那一天。

隨喜

對自我的執著，
使我們只在乎自己的感覺，
只欣賞自己的長處，
無視甚至嫉妒他人的長處。
隨喜，就是放下自我執著，
關注他人的存在，欣賞他人的長處。
這有助於我們打破自他隔閡，
全然接納他人。

言行

言行，體現了生命素質，
也造就了生命素質。

成功

如果有事業、有地位才是成功人士，
是否意味著普通人就不成功呢？
這樣的價值取向必然會讓人失去平常心，
不能平等相待。
反過來，那些受追捧的「成功人士」，
也很難有平常心看待自己的成功。

惰性

惰性，也是墮性。
如果墮入貪瞋癡不能出離，就會成為凡夫。
唯有捨凡夫心，發菩提心，
才能超凡脫俗，成聖成賢。

佈施的作用

佈施可以破除自身慳貪，
解除內在匱乏，
開顯生命的富有。

隨喜功德

對他人的善行和成就，由衷地歡喜讚歎，
可以弱化我執，對治嫉妒，
同時還能產生種種功德，是為隨喜功德。
學會隨喜，可以讓社會減少對立，
增進和諧。

多聽聽

不要太執著於自己的是非觀念，
多聽聽別人的想法，
所謂「橫看成嶺側成峰，遠近高低各不同」。

習以為常

行為產生習慣，慣性形成惰性。
有了惰性，使人對一些平庸的生活習以為常，
不思改善。

枷鎖

執著，給人生戴上了枷鎖。

高尚信念

高尚信念是一面很好的旗幟，
很容易被一些別有用心的人利用。
小心，別被忽悠了。

主僕不分

不少做事業的人，
儼然以為自己是事業的主人。
我看他們每天身不由己地忙忙碌碌，
有條件要做，沒有條件創造條件也要做，
倒更像是事業的僕人。

唯一財產

財富、地位、家庭、事業和我們只是
暫時的關係。
業力，才是此生能留下的唯一財產，
它將推動生命繼續輪迴。

似是而非

寬容不等於縱容，
包容不等於認同。

所知障

如果你內心對佛法並沒有真實受用，
但無論聽什麼法，都覺得「我知道」的時候，
就很難進步了。

設身處地

幫助別人時，應設身處地，
考慮一下對方的實際需要，
不要強加於人。

尊重生命

為何要戒殺吃素？
認識到動物也有獨立的生命，
也和人類一樣好生惡死，
將心比心，我們就應該尊重生命，
愛護動物，
這才是文明社會的表現。

惡報

在輪迴中要混得好，福報不可或缺。
但若缺乏人生正見及相應德行，
福報就可能成為作惡的助緣，
不僅給社會造成危害，也給自己帶來惡報。

關愛

單純的關愛是美好的，
有貪執的關愛卻是麻煩的。

平等和差別

佛教提倡眾生平等，但這種平等並不抹殺差別，
因為人是具有可塑性的。
為什麼每個人的天分有所不同？
正是因為生命起點的差異。
這個起點是我們在過去生造就的，
而今生的積累將奠定未來的起點。

微生物

佛陀發現微生物，
說一缽水有八萬四千蟲；說人體是蟲聚，
有不計其數的寄生蟲依附其間。
所以，喝水時要念佛誦咒，心懷救度；
吃飯時也要觀想給身上的寄生蟲提供營養，
使它們得以生存。

眾生平等

印度傳統宗教有造物主的觀念，
認為人類天生存在種姓差別，等級森嚴。
釋迦牟尼證道後，否定造物主，
反對種姓差別，
提出一切眾生都有佛性，人人平等。
在佛性上，佛與眾生是平等的，
只因迷悟之別，才有心念、行為的不同，
才有生命形式的差異。

真話

這個世界有太多的假話，
是人與人失去信任的重要原因。
誠實、說真話，
才是建立社會信任的基礎。

酒之過

酒在佛教中之所以被戒，
因為它容易成為犯戒乃至犯罪的幫凶，
同時也會助長無明，使人喪失理智，
不利於智慧開展。

自知之明

缺少自知之明，就會自以為是。
自我感覺太好，只能令人生厭；
別人覺得你好，才是可貴的。

才大氣粗

有人財大氣粗，也有人才大氣粗。
前者往往讓人不以為然，
後者卻因為得到默許和縱容，
結果這個氣就一發不可收拾了。

緣有善惡

父子關係是緣，夫妻關係是緣，
有善緣也有惡緣。
所以，相親相愛有之，相互折磨亦有之。
不過緣是可以改變的，
只要我們心懷包容、善良和愛，
惡緣也會轉化成善緣。

仇恨

仇恨不能消除仇恨，
唯有慈悲才能化解仇恨。

調整關係

父母的控制欲太強，兒女往往會成為其錯誤
想法的犧牲品，這也是共業造成的。
不要彼此抱怨，更不要互相對抗，
那只會使雙方繼續糾纏下去。
唯有順應因果，接納對方，
才能在理解的前提下調整關係。

虛幻

面對老病死，
青春、健康及榮華富貴，
顯得多麼虛幻。

企業的價值

企業的價值，不僅在於創造物質財富，
也包括企業家的心靈成長，
以及企業對社會的貢獻。

迎財神

現在的人特別熱衷於迎財神。財神在哪裡？
其實在心裡。
每個人內在的仁慈之心便是財神。
迎財神，應該是開啟仁慈之心，
多行利他之事，積極培植福報，
這才是迎財神的有效途徑。
如果只會燒高香、放鞭炮，
不過是滿足一下發財的心理而已。

無法無天

良心和法制是維繫社會安定的保障，
不講良心，不重法制，社會就無法無天了。

自尋煩惱

一個人要自尋煩惱，總能找到煩惱的理由，
然後理直氣壯地煩惱。

道德

道德是指善的行為，
其性質是遠離殺盜淫妄等不善行，
並能帶來利益和快樂。
道德的內涵，包括制止不善的行為，
即諸惡莫作；
實踐利他的善行，即眾善奉行；
淨化內心的煩惱，即自淨其意。
道德的行為，可以使自身生命得到提升，
同時成就自他和樂的社會。

兩面

權力、地位給人帶來自由，也帶來不自由。
愛情、親情給人帶來幸福，也帶來不幸。
一般人只看到自由、快樂的一面，
智者則如實知其苦樂。

中道

有些人渾渾噩噩地活著，
只要沒遇到重大挫折，也能樂在其中。
有些人雖能看到世俗生活的荒謬，
卻找不到生命的意義所在，
反而活得更加痛苦。
學佛，既讓我們看到世間的虛幻，
更令我們認識人生的意義和目標。
有否定也有肯定，
有捨棄也有追求，
是為中道。

遠大志向

缺少遠大志向，就會執著短期需求，
陷入眼前利益，斤斤計較，頻生煩惱，
把大好光陰白白耗費在各種瑣事中。
所以，儒家強調立志，佛教提倡發願。

迷失

傳統並非都是優良傳統，
如果沒有足夠的智慧，
我們很有可能成為陳規陋習的犧牲品。
現代文明也並非都是精華，
伴隨人類貪瞋癡所產生的各種糟粕無孔不入，
讓人迷失自己，活在一片混亂之中，
看不清未來。

珍惜福報

福報，不單純是物質財富。
青春、健康、美麗、家庭和諧、環境舒適、
富有智慧、具足愛心、
心態良好、人見人愛、有閒暇修學佛法等，
都是福報。
我們應該培養並珍惜這些福報，
才能處處感受到人生幸福。

拖累

需求比財富多，
即便富有，也不容易滿足；
負擔比榮譽大，
即便風光，也不容易快樂。

體制和教育

一個健康的社會離不開兩件事：
一是健全的行政體制；
二是良好的教育制度。
社會如同機器，體制是代表機器結構，
而教育是加工合格的零件，即保障國民素質。
如果體制不合理，零件不合格，
這台機器勢必會頻繁出現故障。

資本

能力很容易成為不良串習生存的資本。

莫使理想成空想

當現實和理想距離較大時，
接受現實，保持理想。
進一步，改變現實，追求理想。
那麼，你會不斷接近理想。
如果一味抱怨，不僅於改善現實無益，
也會與理想漸行漸遠。
一個終日抱怨的人，
會被自己的抱怨越裹越緊，
結果把理想晾在一邊，成了空想。

欺騙和誠實

欺騙會引來欺騙，
誠實才會招感誠實。
騙人雖可得逞於一時，
誠實方能有長久之信譽。
播下什麼種子，就會長出什麼果實。

保險

保險具有互助、保障、自利、利他的內涵。
如果從業者具備利他和服務社會的精神，
不僅有助於自身的心靈成長，
也能得到社會的認可和尊重。
如果純粹以個人利益為導向，
不僅做得辛苦，還會把心做壞，
更難被社會大眾所接受。

看清方向

發展和進步似乎都是積極、正向的表現，
值得鼓勵。
可是，如果方向或手段錯了，
結果將是可悲的！
因此，我們不要被一些概念所迷惑，
而應瞭解它的實際內容。

家庭

家庭存在的價值，
是在經濟上相互支持，
在情感上相互關愛。
家庭和諧的關鍵，
是相互理解並尊重，
而不是以自我為中心。

各司其職

清明的政治，
可以為人們提供良好的生活環境，
使之安居樂業；
健康的宗教，
可以為人們解決內心的種種困惑，
建立道德行為，
找到人生歸宿，使內心得以安寧，
社會得以安定。

無力

無明太給力了！
想要解脫就會變得很無力。

如法

發心雖然重要，
行為的如法性也很重要。

觀念

價值觀和人生觀似乎是哲學問題，
與生活無關。
其實，它時時都在影響我們的判斷和選擇，
決定生命的品質和走向。
如果不能建立正確觀念，勢必會被由個人經驗和社會潮流形成的價值取向所左右，
你的未來在哪裡，可就沒準了。

因緣所成

緣生緣滅，緣聚緣散，
世界遵循因緣因果的規律發展。
只要找到真正的成因，輔以相應的條件，
沒什麼事不能成辦。

以什麼心來做

以利他之心做好本職工作，
不論所做的是什麼，
都能讓生命得到提升。
而那些自私自利者，即使身居高位，
家財萬貫，也只是貪瞋癡的傀儡而已。

障礙

智商本來是一種能力，
但若接受了錯誤觀念，就可能被誤用，
形成邪知邪見，成為認識真理的障礙。
常常智商越高，形成的障礙越堅固。

簡單而奢侈

自由是很簡單的，誰都有機會爭取；
自由又是很奢侈的，不是誰都有能力享用。

時間怎麼花

有人到山中古寺住了兩天，感慨道：
「時間這麼多，怎麼花啊！」
我們平日的時間是怎麼花掉的，你想過嗎？

累

吃多了，身體辛苦；
接受的資訊多了，心靈疲憊。
生活簡單才能身輕心安，
否則，怎一個累字了得。

堅持

學佛貴在堅持，
但這種堅持是「擺脫錯誤，重複正確」。
如果把錯誤習慣堅持下來，就麻煩大了。
所以聞思正見非常重要，
這是幫助我們辨別是非的標準。

懷疑的精神

文化、風俗、習慣，
雖然有智慧的火花，
但大多是無明的產物。
如果我們以為這一切理所當然，
不加思索地接受，很可能成為它的犧牲品。
所以要具備懷疑的精神，
以智慧審視一切，然後有選擇地接受。

因緣所生

佛陀兩千五百年前就提到，
宇宙是無始無終的存在，
其中有十方微塵數世界，
成住壞空，緣生緣滅。
佛教認為世界不是神造的，也不是偶然的，
而是遵循因緣因果的規律，無盡地延續。

微媒體

微媒體，使人充分利用時間碎片，
也使人把整塊時間變成碎片，
無法長時間地專注做一件事，
甚至不能心無掛礙地享受閒暇時光。
微媒體，是讓人有效地利用時間，
還是快速地消耗生命呢？

福報不等於幸福

有福報，還要有享用福報的能力，
才能帶來幸福。
許多人有了福報，
卻沒時間也沒心情享用，
依然日夜操勞，疲憊不堪。
更糟的則是濫用福報，
非但不能帶來幸福，
還有損身心，後患無窮。

生存、生活和生命

生存相對簡單，生活比較複雜，
生命非常深奧。
瞭解生存意義，認識生活智慧，
探究生命真相，
這樣的人生才是圓滿的。

惡性循環

發展科技是為了更好地改善生活，
改善物質世界。
可隨著科技的高度發達，
人類的欲望開始膨脹，
世界的變化也開始失控。
究其原因，主要在於道德未能同步，
從而使科技成果被貪婪所利用。
與此同時，它又縱容了貪婪的增長，
使之進入相互利用的惡性循環。

看重什麼

有人看重財富，有人看重地位，
有人看重名牌，有人看重品德，
這是體現價值觀的不同。
古人關於三不朽人生中的「太上立德」，
說明品德的價值高於一切，值得深思。

錯覺

從緣起的智慧看，
一切事物都是依條件而產生，不能獨自存在，
也找不到固定不變的特質（無自性）。
我們所依託的自我，以及賴以支撐的世界，
只是由條件和關係變化而來的假相。
而我們對這一切所產生的實在感，
只是迷妄的錯覺而已。

升級

在生活中修行，
面對越複雜的境界，
好比運行越大的軟體，
對電腦配置的要求就越高，
不然就容易當機，或根本運行不了。
所以我們必須及時給心靈升級，
否則，在座下是用不上功夫的。

反腐之道

政府提倡反腐，
須知，腐敗之源在於內心的貪瞋癡。
因癡而貪財、貪色、貪權，
因癡而引發是非、矛盾、爭鬥。
唯有勤修戒定慧，才能平息貪瞋癡。
戒是遵紀守法，過著簡樸的生活；
定是培養正念，獲得抵制誘惑的能力；
慧是洞明世事，享有內心的自足。

活法

有人說：
我不要過著賺錢、花錢、等死的生活，
我要尋找人生的意義。
也有的人，
一生都在製造需求和滿足需求的輪迴中度過，
從來不曾想過，人生竟然還有其他的活法，
其他的意義。

建寺

應該把寺院建到每個眾生心裡。

賤賣信仰

宗教為經濟建設服務，
並非把寺院變成一家商店或一個工廠，
直接產生經濟效益，
而是發揮宗教淨化人心的功能，
為經濟發展提供和諧穩定的社會環境。
現在不少地方把名山寺院變成景區，
大搞旅遊開發，
甚至巧立名目，賤賣信仰，
這不僅影響佛教的健康發展，
也使宗教喪失教化社會的功能，
令人歎息！

禮佛

禮佛，並非只是求平安、求保佑，
而是以佛陀為導師，執以弟子之禮，
這是對真理的禮敬，
也是對佛陀所具有的悲智兩大品質的禮敬。
透過虔誠的禮拜，可以使心靈得到淨化，
並與佛菩薩感應道交，從而獲得加持。

各就各位

在佛教中，任何一個出家人抵擋不住紅塵誘惑，
不想繼續過出家生活，
只要透過正常手續捨戒返俗，也是合法的。
他們今後還可以再出家，乃至再返俗，
男眾可多達七次。
關鍵是，為僧期間如法如律，
返俗之後盡職盡責。

假和尚

眼見未必為實，
穿著僧裝也未必就是出家僧人。
這是一個充斥著假冒偽劣產品的時代，
自然也少不了假和尚。
他們裝扮成僧人，或四處化緣，或佔據寺院，
為謀取利益而踐踏信仰，真是社會的悲哀！

輪迴之鏈

生死輪迴是印度宗教哲學的核心問題。
佛陀出世，發現以往各種宗教哲學的不足，
以緣起的智慧，
發現了輪迴開展的規律——十二因緣，
並提出解除輪迴之鏈的秘訣——八正道。
這是我們理解整個佛法的關鍵，不可不知。

誰之過

敬香，原本是為了淨化心靈，淨化環境。
而現在的各種劣質高香，
帶著濃厚的商業色彩，
燒起來濃煙滾滾，汙染環境，汙染身心。
許多寺院都成了這些香的重災區，
僧人、信眾乃至遊客都成了受害者，
這是誰之過？

敬香

對佛菩薩表示虔誠未必要燒香，
虔誠恭敬之心就是一瓣心香，
是對佛菩薩的最好供養。
如果燒，宜選擇優質好香，點一至三根即可。
至於要花數百甚至數千元燒高香，
把寺院搞得烏煙瘴氣，還說能得到菩薩保佑，
簡直荒唐，絕非如法寺院所為，切勿上當。

執著

執著使人不捨，無常卻使人不得不捨。
執著使人一廂情願，浮想聯翩；
無常卻讓我們必須放下幻想，面對現實。

滿足

每個人根據不同的生活環境，
培養了不同需求。
只要不和別人攀比，
都可以從自身需求的滿足中得到快樂，
沒有貴賤之分，
沒有高下之別。

不惜代價

整個社會都在追求發展。
為了發展，不惜破壞生態，甚至摧殘身心，
這種交換值得嗎？
我們是否應該重新思考一下發展的意義？

身體

身體只是這期生命的工具，
使用期是有限的。
我們既要認清它和我們的關係，
不可執以為「我」，
又要悉心維護，合理使用，使之正常工作，
為實現暇滿人身的重大意義而服務。

娛樂

娛樂，就是找點樂子來愚弄一下自己，
好把人生揮霍得更快些，更容易些。

重要的選擇

選擇生命的發展，
是人生最重要的選擇。

危險的支撐

如果全身心投入事業，
讓事業成為人生唯一的支撐，
一旦事業垮了，就會找不到活著的意義。
即便一切順利，也往往在退休後百無聊賴，
不知如何度過餘生。
所以人應該有精神生活，有信仰追求，
才能在事業變故或退休時減少傷害，
從容面對。

事業

有了事業，很容易形成相應的執著。
一旦有了某種執著，你就別想過清淨日子了。

死路一條

雖然人生下來都是死路一條，
但怎麼死法，卻是完全不同的。
你，會怎麼面對那一天呢？

信任

在人與人的關係中，
不預設，不猜疑，
真誠坦蕩，相互信任，
才能建立長久的善緣。

換個活法

習慣的生活方式，
給人穩定、安全的感覺。
換個活法，
也許人生更精彩。

心

面對

所有引發情緒的問題，
都是讓我們反省並改過的機會，
如果迴避而不去面對，
就像在鏡中看到臉上的汙垢時，
不去擦乾淨，反而轉過身去，永遠不照鏡子。

凡夫心難取悅

凡夫心難取悅。
一個人想讓自己保持快樂尚且不易，
要讓他人長期快樂，簡直難上加難。
因為其本性就是無常而顛倒的，
如果不認清這點，
我們為撫慰凡夫心而做的一切，
往往會有各種副作用和後遺症。
就像鎮痛的鴉片，
帶來了比疼痛更大的麻煩。

控制欲

控制欲太強，反而讓人更沒有安全感。
在這無常的世間，
沒有什麼可以絕對地聽從於你，
也沒有什麼你能永遠抓得住。
常常是，拳頭捏得越緊，
漏走的東西越多，最後空空如也。

垃圾

很多人需要培養不亂丟垃圾的習慣，
但更多人需要培養不亂丟心靈垃圾的習慣，
免得汙染他人心境。

沒完沒了

煩惱重的人，總能找到讓他煩惱的事。
其實，這些事只是讓煩惱現行的催化劑，
真正的肇事者是他內在的煩惱，而不是其他。

佛告迦叶譬如假摩尼
琉璃珠聚如妙高山不及
一真摩尼琉璃珠迦叶
如是假使一切聲聞辟
支佛不能及一初发菩
薩

歸零

無為，
是讓心恢復到原始的不造作狀態，
也就是歸零。
這裡寧靜自在，又大有作為。
碌碌無為，則是內心混亂，
終日忙碌卻無所作為。
所以，要無為而不要碌碌無為。

真正的自由

一個人不僅要追求環境的自由，
更要追求心靈的自由。
如果沒有心靈的自由，
即便擁有再自由的環境，
也不能體會到真正的自由。

誰來當家

心靈世界有各種心理，如果讓瞋恨心成為主角，
就會搞得你死我活，硝煙四起；
如果讓慈悲心成為主導，
就能自他和樂，安定祥和。
你願意把命運交給什麼心理呢？

煩惱源頭

對「我」和「我的」的貪執，
是凡夫心建立的基礎，
也是八萬四千煩惱產生的源頭。

彼岸

心有迷惑煩惱，即是此岸；
心無迷惑煩惱，便是彼岸。
此岸與彼岸，不是時空的距離，
而是心理的距離。

浮躁

浮躁，就是混亂的心念此起彼伏，
就像漂浮的羽毛一樣，
上下翻飛，躁動難安。

安靜的心

安靜的心，無欲無求，輕盈通透。
縱容欲望，只會讓人疲於奔命！

相對穩定

我們喜歡熟悉的環境，
是因為那裡相對穩定，
沒有讓我們重新認識自己乃至於
磨練習氣的對境，
就能心安理得地繼續自欺。

念念無常

心，念念都是無常。
擁有這樣的心，生活在同樣無常的世界，
卻總在期盼永恆，何其辛苦。

平等自安樂

好惡心太強，
必然和他人形成對立，
也容易引起對方牴觸。
多一分平等，就多一分安樂；
多一分理解，就多一分寬容。

管理環境

管理好生活環境，
有助於心靈環境的管理；
管理好心靈環境，
才能更好地管理一切環境。

被控

執著總是在不知不覺中形成的，
一旦積累到被控的程度，
想要改變就不容易了。

十二種心

獨立的心不依賴，自由的心不黏著，
知足的心不貪婪，寬容的心不瞋恨，
清淨的心不分別，安住的心不飄浮，
投入的心不動搖，勇猛的心不退縮，
精進的心不懈怠，解脫的心不牽掛，
利他的心不揀擇，覺照的心不空過。

要和不要

要慈愛，但不要執愛；
要慈悲，但不要傷悲；
要慈善，但不要偽善。

目迷五色

目迷五色，
不是眼睛被迷住了，
而是心被色塵佔領，
結果眼睛成了俘虜。

蒙蔽

心被無明蒙蔽，看不清真相，
如果堅信自我的感覺，
只能永遠活在錯誤認知中。

自我批評

要學會自我批評，
但不要學會用自我批評來保護自己，
這是凡夫心慣用的伎倆，
暴露一點小問題，用來轉移視線，
以掩蓋更大的問題。

進和退

太多的情緒，
覆蓋了純真的情感；
太多的知識，
淹沒了先天的良知。
世界在向前，
人心卻在退墮。

凡夫心

能幹的人，
如果不是很有智慧，
往往是凡夫心特別發達，
可以成為一個優秀的凡夫。
但要學佛，還得從零開始。
如果執著世間的身份和能力，
執著讓自己獲得成功的凡夫心，
就會成為修行的障礙。

避苦求樂

我要避苦，他人也要避苦：
我要追求快樂，他人也要追求快樂。
這種避苦求樂之心是相同的。
因此，我們不能只顧自己，
也要考慮他人的需要，
是為同理心。

煤氣洩漏

如果不對心靈進行管理，
即使在看似平靜的時候，
不良情緒也會像洩漏的煤氣一樣，
慢慢包圍你。
一旦遇到明火，就瞬間爆炸了。

距離

距離為什麼產生美，
因為它給人留下了想像的空間。
面對自己的時候，不要被距離欺騙，
看清真實的你，而不是你以為的你。

觀照

對於每一種想法和情緒的生起，
我們都要保持觀照，
而不是盲目地跟著跑。

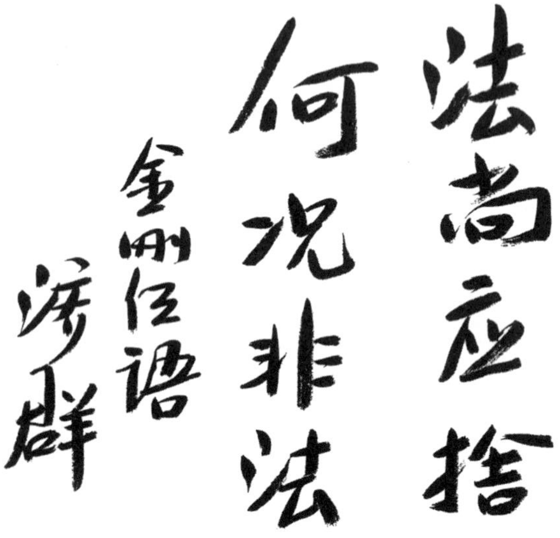

正能量

正見，是正能量的基礎；
正念，是正能量的內涵；
正氣，是正能量的表現。
佛法修行，就是透過樹立正見，
啟發良知良能，
進而培養正知正念，
實踐正語、正業、正命，
使人生充滿正氣。

潛意識

西方心理學十八世紀才有潛意識之說，
以海上冰山的潛在部分為喻。
而佛陀在兩千五百年前就提出潛意識的存在，
並以大海和波浪說明潛意識與意識的關係，
這些思想在大乘佛教的唯識經論中有著詳細論述。

包容

包容，在容納別人的同時，
也給自己留下自由的心靈空間。

生命瀑流

生命像瀑流一樣，
相似相續，不常不斷地延續。
我們的想法、行為形成的各種心理因素，
便是推動生命延續的核心力量。

負面心理

有孤獨的心理，才會孤獨；
有恐懼的心理，才會恐懼。
擺脫使你孤獨、恐懼的環境，
只能暫時迴避孤獨、恐懼。
唯有消除相關心理，
才能徹底地不再孤獨，不再恐懼。

獨處

學會獨處，才能享受寧靜。
不斷攀緣，往往是在製造無謂的忙碌，
讓自己不得安寧，讓他人不堪其擾。

情結

情結，是貪執之情在心裡打了個結，
影響到心的自由自在。

讓靈魂跟上腳步

讓靈魂跟上腳步！
希望人類心靈的正向成長，
能跟得上日新月異的科技，
避免更多悲劇發生。

願心

有個老先生，富有愛心，頗具宏願，
很想為社會做些事，卻因緣未具，無法實施，
不免有日暮途窮的蒼涼之感。
其實，生命雖然有限，
願力卻是無限的。
只要願心堅定，
在未來生命中總有實施的機會，
乃至可以盡未來際地幹下去。
所以，我們缺少的往往不是機會，
而是願心。

設定

心有了太多的設定和執著，
就會失去自由，失去創造力。

狡猾的煩惱

煩惱非常狡猾，
它總能把我們的注意力引向外部世界。
在我們向外追逐和執著的過程中，
它就得到了生存的機會，
得到了增長的空間。

無盡危害

如果不改變不良習慣，
它會延續十年、百年，乃至千萬年，
這將給自己不斷製造痛苦，
同時也給他人帶去無盡危害。

控制

人被心靈垃圾控制的時候，
往往以為自己在控制世界。

躁動

太多的噪音，讓環境變得嘈雜；
太多的躁動，讓內心陷入混亂。

經驗和價值

每一個經驗，不管是好的還是不好的，
都給我們提供了一次觀察心的機會。
在這個意義上，其價值是一樣的。

被左右

內心有太多需求，社會有太多誘惑。
如果沒有明確的目標和果斷的抉擇，
很容易被外緣左右。

無私的愛

學佛不是要放棄愛，
而是要放棄自私的愛，建立無私的愛；
放棄佔有的愛，建立廣大的愛。

深層的寧靜

唯有找到心靈深層的寧靜，
才不會在妄念的波濤中跌宕起伏，不由自主。

心境

享受大自然之美，要有一顆寧靜的心。
心境，決定了我們能享受什麼樣的環境。

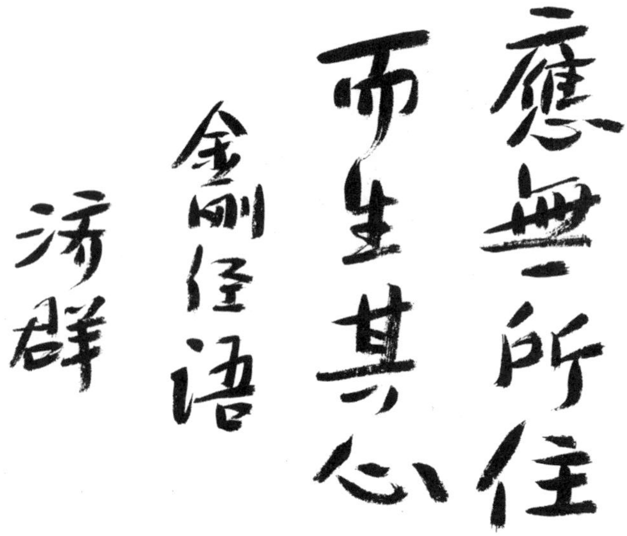

心田

心就像一片田地，
我們每天的起心動念和所作所為，
就是在心田播種。
播下不同種子，
將會結出不同的生命果實。

多動症

凡夫心都患有多動症，
如果不設法治癒，就會永遠不得安寧。
因為不安寧而彼此糾纏，彼此傷害，
又因為不安寧而感到不安全。

糾結

不原諒他人，就會在內心製造糾結。
原諒他人，就是把自己從糾結中解放出來。

心和命運

人如果不能控制自己的心，
也就不能控制自己的命運，
不能控制世界的發展。

廢話

現在的人為什麼廢話特多？
因為心靈充滿垃圾，
滋養了豐盛的廢話。

心靈寶藏

在這風雲變幻的無常世界，
外在財富越來越靠不住了！
希望大家多多積累心靈財富，
有朝一日，打開內在的無盡寶藏，
成為真正的富有者。

刺蝟

有些人的心太狹隘了，連一根針都容不下，
但他又無法不遇到針，結果是心上插滿了針，
像個閃耀的刺蝟。

清理垃圾

當今社會總有人在傳播一些垃圾文化，
受此影響，
很多人的內心都充滿了各種垃圾碎片，
嚴重干擾心靈程式的運行。
透過禪修，可以幫助我們清理垃圾，
提高心靈的反應速度。

清淨的心

清淨的心，才是自由的心。
如果被種種煩惱和妄想所控，
就無法自主，不得自在。

黏性

當我們處於妄心狀態時，
即使告訴自己「不必執著」，
告訴自己「看破放下」，
也是難以奏效的。
因為妄心是有黏性的，
只要對外境有所接觸，
立刻就會被黏住，被糾纏
——對所愛起貪，對非愛起瞋。

心靈體檢

負面情緒就是心靈毒瘤，
要謹防它的出現，嚴禁它的增長。
所以，我們應當時常進行心靈體檢，
才能及早發現問題並加以治療，
以免病入膏肓，無藥可救。

不安全

人的不安全感來自哪裡？
來自內心潛在的不安全因素，
也來自對外界的過分依賴。
在這無常的世間，
哪有什麼可以永久依賴的東西？
當你想靠又靠不住的時候，
這種不安就被放大，被強化，
成了頭頂那把懸而未落的劍。

主權

心靈好比廣闊無垠的世界，
每個念頭都想成為這片土地的主人，
你願意把主權交給誰呢？

活在哪裡

人，不只是活在現實中，
更是活在內心的種種活動中。
你的選擇和認知模式，
決定了你會有什麼樣的生活，
也決定了你會有什麼樣的精神世界。

內心強大

內心強大未必都是好事，
如果強大的是不良心理，可就麻煩了。
所以我們要選擇並培養正向心理，
使之強大，才能利己利人，
獨立而不依賴，自由而不排他。

面對自己

當內心自足而且強大的時候，
你才有能力面對自己，享受安靜。

多想別人

總想著自己，
會產生許多需求、煩惱、擔憂；
多考慮別人，
會變得善良、慈悲、安心。

便利的結果

科技和商業雖然給生活帶來便利，
但卻滋長貪心，鼓動欲望，
使人心變得浮躁，生活變得喧鬧。

綜合體

人不是單一的存在，
而是各種想法和情緒的綜合體。
有些人心理相對協調，所以能心平氣和。
而有些人內心充滿矛盾，糾結不堪，
最終就會導致人格分裂。

瞋心不可取

遇到任何傷害和不公平，
都不要讓心陷入瞋恨，
因為那樣只能產生對立，卻於事無補。
唯有慈悲接納，就事論事，才能化解矛盾。

遊戲

熱衷於色情或暴力的遊戲，
雖然不會構成犯罪，
卻是在培養犯罪心理，
不利於心靈的健康成長。

不安寧

這是一個貪瞋癡主導的世界。
不消除貪瞋癡，
就別想安寧地過日子。

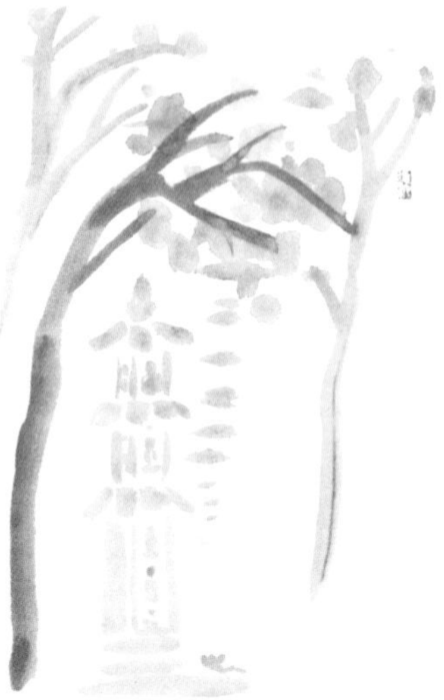

放下

放下不是放棄，
而是放下內心的執著，
並不排斥人生種種為成就善業所做的
正當的努力。

看清煩惱

心清明的時候，
才能看清煩惱行蹤，避免被它所左右。

心靈的自由

人不僅要追求環境的自由，
更要追求心靈的自由。
如果沒有心靈的自由，
即使身處再自由的環境，
也會被內在的情緒干擾，
被種種的煩惱所束縛。

為善最樂

能夠傷害別人的心理，
同時也會傷害自己。
與人為善，才能處處遇到善人。

如是因果

人有貪念，才會被誘惑；
人有瞋心，才會被激怒；
人有癡心，才會被欺騙。

改善內心

沒有完美的心靈，就不可能有完美的世界。
想建設完美的生活，必須從改善內心開始。
今天的努力，決定了未來的生命起點。
因此，把握現在就是把握未來。

貧富

貧困，不只是生活的貧困，
心靈的貧困更可怕；
富有，不只是物質的富有，
精神的富有更重要。

健康

這個世界沒有絕對的好人與壞人，
只有健康和不健康的人。
所謂壞人，無非是貪瞋癡的重病患者。

逃不掉

一個人可以迴避環境，
卻無法逃離自己的心。
正像有人騎馬外出，想要擺脫煩惱，
卻發現煩惱也在馬鞍上，
並且指引他前進。
我們雖然不喜歡煩惱，
但總在不知不覺中聽從煩惱的使喚，
成為煩惱的奴僕。

貪瞋癡

佛教把心理疾病根源歸結為貪瞋癡三種病毒。
貪，是對我和我認定的內容過分依賴和執著，
是直接引發各種焦慮、
恐懼等負面情緒的根源。
瞋，是自我對非我的一切所產生的
隔閡、冷漠、對立、不接納，
乃至仇恨的心理。
癡，是看不清楚自己和世界的真相，
從而形成錯誤認知，
對「我」和「我的」產生誤解，
這是煩惱生起的基礎。

開放的心

超越設定和偏執，
保持內心的開放和好奇，
就能看到一個廣闊而又神奇的世界。

身不由己

人們常常活在被動反應和慣性反應中，
身不由己。
如果生命沒有自主，又何來自由？
被控、被選擇不只是環境因素，
更多還是源於內心因素。

發心

發心，是開發某種心理因素，
或者說選擇發展某種心理，
這對於人生而言非常重要。
因為它直接關係到我們將會成就什麼樣的生命。

自由的前提

真正的自由來自內心，
在認識上沒有困惑，在心靈中沒有煩惱。
有了這樣的自由，就可以隨遇而安，
隨緣自在，無往而不自由也。

最好的保險

善心和善行才是人生最好的保險。
常懷善心，常修善行，
才能真正地平安和樂。

清洗

衣服髒了要清洗，
身體髒了要沐浴，
環境髒了要打掃。
內心髒了，我們卻從不過問，
任其臭氣熏天，甚至殃及他人。

不平常

有平常心，就能從平常事中發現快樂和價值。
沒有平常心，就需要製造許多不平常的事，
才能找到所謂的快樂和價值。

佈施

佈施，不僅是施捨財富，
更要捨離內心的貪著。
施捨財富，可以增長福報；
捨離貪著，才能成就解脫。

消除對立

九一一事件，是一次仇恨心的產物。
人類因為我執我見，形成狹隘的
個人主義、種族主義、國家主義，
乃至宗教主義，
由此形成衝突、對立、矛盾，
引發仇恨心理。
人類唯有認識到自我感的荒謬，
減少我執我見，
才能建立同體共生的世界。

安全

內心沒有安全感，
走到哪裡都不安全；
消除內心的不安定，
才能處處安然，
時時自在。

創造力

心的自由程度，
決定了人的創造力。

誦經

誦經可以暫時靜心，
但只有領會其中義理，
落實到心行，運用於生活，
才能真正改變心態，改善生活。

精神空洞

忽略精神財富，缺少精神生活，
結果往往是物質條件越豐富，
精神世界越空洞。
這種人年輕時忙忙碌碌，尚能打發時間，
老來就不知該怎麼活了。

做事的兩種結果

做事可能成就我執，也可能成就無我。
為滿足自我的重要感、優越感、
主宰欲而做事，
在做的過程中必然成就我執。
只有為利他而做，
才能在做事過程中成就無我。

美好的心

沒有美好的心靈，色身裝修得再好，
也是不耐看的。
所謂「因可愛而美麗，
不是因美麗而可愛」。
學佛，就是給心靈美容。

轉移

多看別人的不足，
可以轉移對自己的失望，
然後心安理得地安於現狀。
你這樣騙過自己嗎？

想像

有些人活在想像中，
每天都會想出很多煩惱，
即使別人想要幫助他，也是很困難的。

語言的背景

語言的背景是心態，
當你說話時，不僅表達了你的想法，
同時也暴露了你的心態。
在這感官的舞台上，
擁有一顆美好的心非常重要。

輕信

人心浮躁，缺乏安全感，
所以才容易輕信謠言，
引發各種不必要的恐慌。

體會

如果只考慮自身需要，
就不會顧及他人死活。
唯有對他人的苦樂感同身受，
才能心生慈悲。

偷襲

心越混沌，煩惱越容易偷襲成功。
你在痛苦中倒下，卻不明白是怎麼被擊中的，
這就註定會一次又一次地倒下。
於是乎，最後都懶得爬起來了，
所謂沉淪是也。

奴隸

看看你的心念：每天都在為誰服務？
其實，我們早已成煩惱妄想的奴隸了，
真是可憐啊！

自足的心

充滿貪執的心，一旦失去依賴，
就會覺得空虛、無助、迷茫。
無所貪執的心，沒有任何依賴，
也會覺得自足、自由、自在。

程式

每個起心動念都在編寫生命程式，
它決定了未來生命的發展，
決定了我們將會成為什麼。

幕後控制者

執著會產生依賴，
而依賴正是我們被外物控制的主要原因。
能夠控制我們的，其實不是外物，
而是我們的依賴心理。

不良習慣

多數人都是不良習慣的受害者，
並在受害的同時傷害他人。
所以，不良習慣才是我們共同的敵人。
我們應該和不良習慣抗爭，
而不是和誰較勁。

選擇

心雖然有選擇的功能，
但多數人已經失去主動選擇的能力，
總是活在被選擇中，
被煩惱習氣所左右。

奉獻

奉獻，本來可以成就殊勝的福報。
因為介入過多我執，卻成為痛苦的資本。
結果奉獻得越多，最終帶來的痛苦也越重，
這恐怕是世間最虧本的事。

購物狂

有些人內心空虛，才會瘋狂購物，
把自己身上掛得像聖誕樹一樣。
只有那些內心充實的人，
才能享有簡單而平靜的生活。

投資

很多人都在投資股票，可股票市場充滿風險，
即使有所斬獲，也不過是暫時利益。
其實，我們的心靈也是一個股份公司，
由各種心靈股票組成，有些會帶來無盡利益，
也有些會讓人深受其害。
能否正確選擇和投資心靈股票，
直接關係到我們未來的幸福。

快樂之道

不瞭解快樂之道的人，
想要解除痛苦，卻常常自討苦吃；
希望得到快樂，卻把快樂像仇敵一樣摧毀了。

被選擇

在心念活動中不能自主，
就意味著你生活在被選擇中。

幸福

幸福是由內心產生的，
我們往往不加關注。
外在條件只是產生幸福的助緣，
我們卻全力追求。
如果不瞭解心的作用和運行規律，
就無法掌握幸福的主動權。

心學和心理學

佛法和心理學都是解決心理問題。
佛教講明心見性，
開發覺悟潛質，
從根本解除貪瞋癡的病根。
心理學則透過科學手段，
瞭解人的心理現象及規律，
解決異常的心理問題，
而人類正常的貪瞋癡則不在其解決範圍。

面對誘惑

人有各種需求，如果不是目標十分明確，面臨誘惑時，選擇就會模糊。即便目標明確，如果定力不足，有時也會被誘惑帶走。

命運

心念主導命運，行為左右命運，性格決定命運，環境影響命運。

利與害

利他之心即是利己之心，害他之心也是害己之心。因此，利他即是自利，害他必成自害。

沿流不止问云何
真照無邊
說似他
離名離相人不禀
吹毛用了还须磨

临济禅师偈诗

戊子年夏 法根

散亂

散亂，使心陷入妄想，計度分別，煩惱叢生。
同時也使做事沒效率，修行沒力度。
唯有透過禪修克服散亂，才能安住正念，
不為煩惱所傷，不被妄想驅使。

黑暗

心靈的陰暗，帶來世界的黑暗。

脆弱的世界

科技越發達，人心越浮躁，
世界也變得越脆弱了。

貌似合理

觀念會製造心態，
而心態產生的需求也會讓觀念為之服務，
使之變得貌似合理。

自主

自主才能自在。
在混亂的心相續中，
你能自主嗎？

心靈炸彈

一個內心充滿負面情緒的人，
就是一顆心靈炸彈。

堵車不堵心

不要讓堵車成為堵心。
如果沒有期待的心，安住當下，
堵車正是休閒、放鬆的好時光。

看好你的心

看好你的路，免得摔跟斗；
看好你的心，免得惹麻煩。

將心比心

在輪迴中，我們的身份在不停變換。
今天虐待動物、傷害他人，
終有一天，也會遭到同等甚至更重的報應。
己所不欲，勿施於人。
學會將心比心，是與人相處的基本德行，
也是我們對待動物應有的同理心。

殺毒軟體

心靈病毒的種類雖然無量無邊，
但不外乎是貪瞋癡的不同演變。
佛陀不僅發現了這些病毒的成因，
還為我們提供了「戒定慧」的殺毒軟體，
可以從根本上消滅煩惱病毒，
使我們成為真正意義上的健康者。

混亂的心

在一片浮躁、混亂的心地上，
很難培養出崇高的理想、
優秀的品質、出類拔萃的才能。

整容

整容不如整心。
且不說手術存在風險，
即使整好了，也不過是一時的漂亮。
而把內在煩惱解除了，
你就會成為最快樂的人，
也是最可愛的人。

心力不可思議

心念的力量不可思議，
只要方法正確，努力奮鬥，因緣具足，
一切都有可能實現。

不順心

有人覺得什麼都不順心，
其實，讓你不順心的不是其他，
就是因為自己不接納。
只要能以開放的心接納，
不順心的都會變得順心。

傳染

病毒都有快速複製和傳染的能力，
貪瞋癡也會傳染到一切心行上，
並演化出種種新型病毒，讓人防不勝防。
凡夫的心理世界，
基本都在貪瞋癡的控制之下，
因為不知不覺，我們還以為是「活出自己」了。

變

世界，那麼真實，又是那麼虛幻。
生活，那麼有趣，又是那麼無謂。
心念時時在變，世界也時時在變。

寵辱不驚

認清無常和無我的真相，才能擁有平常心。
有了平常心，才能在興衰成敗中寵辱不驚，
坐看雲起。

消除對立

慈悲，是要消除內心的隔閡、冷漠、對立，
廣泛接納一切，並給予相應幫助，
使之離苦得樂。

發心和用心

常以慈悲心待人，便是在長養慈悲；
常以瞋恨心做事，便是在成就瞋心。
每天的發心和用心，
決定了我們的心態和人格。

來自愛的傷害

有獨立的心，
才能更好地愛護他人。
如果是來自渴求的情愛，
只要彼此的關係不能完全對應，
就會造成傷害，或是相互傷害。

對應

好惡分明的人，也容易被別人所排斥；
寬容大度的人，才能被更多人接納。
培養平等、寬容之心，
有助於修慈悲心，行菩薩行。

科技

科技是第一生產力還是第一破壞力，
關鍵取決於人們對它的運用。
如果缺乏健康的心智，
科技將給人類帶來無窮的禍害。
事實上，它的先進性和破壞力是成正比的。

無私

一個極為「無私」的人，也可能有極大的我執。
因為「無私」，我執就會顯得理直氣壯，
對付起來難度更大。

餓鬼的心態

餓鬼不僅是一類生命形態，
同時也是指一種心態。
若是貪得無厭，不知滿足，
永遠處於渴求狀態，
便是典型的餓鬼心態。
餓鬼的生命形態，
就是由這種心理發展而來。

莊嚴

用語言讚美他人，
同時也在莊嚴自己的內心。

不充實

忙碌並不代表充實，
透過忙碌獲得充實，
恰好說明內心的不充實。

解除不安

每個生命的內在，
既有製造不安的心理因素，
也潛藏著令心獲得安全和穩定的力量。
修學佛法，
就是幫助我們解除不安的心理因素，
開啟安全而穩定的心理力量。

調頻

惜福，不要形成強烈執著；
開放，不要落於肆無忌憚。
保有開放的心，
過簡樸而自然的生活。

心靈科學

佛教是心靈科學，重視對心理規律和真相的認識，講究實修實證。

佛教的哲學，對心靈現象、心靈與世界的關係，有著系統而深刻的論述。

而佛教的禪修，則是指引我們明心見性、斷惑證真的有效途徑，

是佛陀乃至無數弟子親證的。

弘揚佛法可彌補現代科學之偏，

使人找到生命的真正出路。

放生

放生時，需要檢討一下自己的發心，

是基於對利益的考量，

還是出於對動物的愛護。

前者可能成就貪心，

後者才能真正成就慈悲。

心靈系統

心靈系統和我們關係最為密切，

它每天發號施令，

製造苦樂，

讓我們疲於奔命，

我們卻從來不曾瞭解它，

也不懂得如何管理和正確使用，

是不是有點可怕？

挖坑到填坑

每種需求的建立，
都意味著在內心挖了一個坑。
創造財富、滿足需求就是填坑的過程。
有人坑挖得小、挖得少，填起來還比較容易；
有人坑挖得多、挖得大，
他的填坑工程可就沒完沒了了。
在這生產力高度發達時代，
人們填坑的能力很強，挖坑的能力更高，
所以，今天的人特別忙碌。

開心嗎

窮人有窮人的活法，富人有富人的活法，
至於誰能玩得更開心，關鍵在於心境。
多數人只知創造條件，卻忽視了心境，
結果總是開心不起來。

溫暖不冷漠

同情心和同理心有助於慈悲的增長。
有了慈悲，這世界才有溫暖，
才不會冷漠。

自戀

自戀的人，
內心都有一副PS過的完美肖像，
他迷戀的是那個自己。

隨波逐流

在混亂的心念瀑流中，
沒有勇猛精進的力量，
是不可能走出來的。
所以，多數人只是在隨波逐流。

從簡單到複雜

世界本來很簡單，
因為有了我執我見，
有了人我是非之心，
所以才變得無比複雜。

誰是主人

串習這個老友，總是一再地造訪。
在心靈的大家庭中，
誰是主人，誰是客人，
你分得清楚嗎？

誘惑

有多少需求，就會有多少誘惑。
不是因為誘惑太多，
而是因為我們內心的需求太多，
又缺乏把握自己的定力。

苦多樂少

外在快樂和我們對外物的貪著有關。
貪著的滿足雖能帶來快樂，
但從本質而言，是一種製造痛苦的心理。
所以，來自貪著的快樂往往苦多樂少。

孤獨

世上本來沒有孤獨，
因為在乎這個「我」，
就把自己獨自孤立起來了。

擺平

人們都想擺平別人時，世界就動盪起伏了；
人們都在擺平自己時，世界就風平浪靜了。

噪音

躁動的心裡發出的聲音，叫做噪音。

漂泊

沒有找到心靈的家，
生命會在輪迴中漂泊，
四處攀緣，
尋找依賴。
找到心靈的家，
回歸覺性的故鄉，
才能隨遇而安，
隨緣自在。

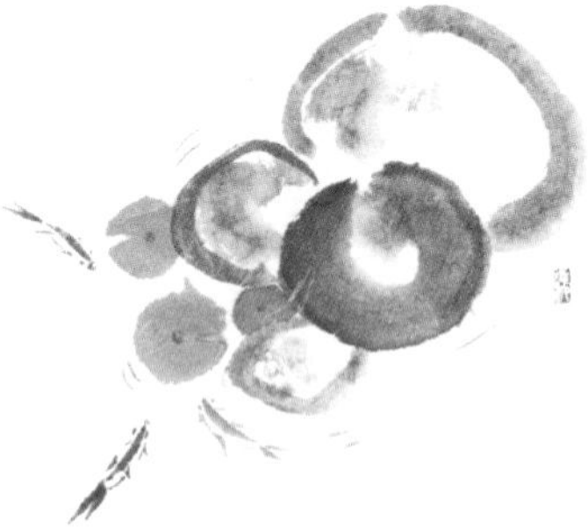

良心

良心離不開教育。
透過教育，
使人認識到個人德行及公共道德的標準，
當他違背這些德行，
就會生起羞恥之心，
這是良心建立的基礎。
缺少做人的教育，
缺乏做人的標準，
良心就會成為被遺忘的稀缺資源。

道德的軟體

電腦安裝軟體，才能產生相應作用。
在我們的生命系統中，
如果沒有透過教育安裝道德、誠信的程式，
人們蔑視道德、不講誠信，也是很正常的。

不容易

現代社會汙染嚴重，誘惑眾多，
除非具有百毒不侵之身和如如不動之心，
才能免受傷害。
否則，想要健康平安地活著，
也是件不容易的事。

主動選擇

佛教所說的發心和發願，
就是幫助我們主動選擇生命的發展方向，
避免活在被選擇中。

善良和愛的記錄

你曾經對別人好過，
無論將來別人怎麼對待你，
你都應該高興。
因為你曾經對別人好過，
給自己生命留下了善良和愛的紀錄。

回報

利他之心是善心，
利益他人的同時也滋潤了自己。
害他之心是不善心，
打擊他人的同時也傷害到自己。

真正的家

心向外攀緣、執著，難免辛苦，難免受傷。
正念才是真正的家，把心帶回家。

心靈美容

一個人相貌好，只宜遠看；
如果近距離相處，心態好更重要。
所以，心靈美容甚於身體美容。

黏著

有黏著的生活很辛苦，黏著被傷害了更辛苦。
沒有黏著的心，才是最自在的。

自主力

多數人的生命都是不能自主的，
所以我們要培養自主力，才能做自己的主人。

心坑

過年，這個中國人幾千年來共同形成的心坑，
已經填了幾千年，還沒有變小。
春運，一場聲勢浩大的填坑運動又開始了。

能動的心

物質是被動的，
心靈是能動的。
能動的心，
對於發展生命和改變世界具有主導作用。
所以，改變世界要從心開始。

護生之心

放生，首先要有護生之心。
有了護生之心，不論是解救生命，
還是關愛動物、保護環境，乃至吃素，
都是不同形式的放生，
都是慈悲的修行。
沒有護生之心，
放生對自身修行就沒有多少意義了。
如果處理不當，
還可能會演變為殺生。

知恩報恩

佛教講孝道，主要是從報恩的角度。
父母對子女恩重如山，為人子女者，
應時常憶念父母恩德，
心懷感恩，並透過報恩來完成孝道。
知恩報恩，也是慈悲心生起的基礎。

二元對立

只要內心存在二元對立，
人生一定會苦樂參半，
憂喜相隨。

千瘡百孔

人類有太多需求，所以讓心變得千瘡百孔。
為了填滿這些心靈之坑，
需要從大自然獲取資源，
所以大自然也變得千瘡百孔。

忽視

一個人陷入某種特定的需求和執著時，
很容易忽視身邊美好的東西。

息瞋

有瞋心就有敵人。
平息瞋心，
就意味著消滅了一切敵人。

身病和心病

病，有身病和心病。
身病是由四大不調所導致，
而心病則是由貪瞋癡三毒所引起。
凡夫都是無明煩惱的重病患者，
唯有了知其中過患，才能積極治療，
成為真正意義上的健康者。

勤修戒定慧

持戒，是安裝心靈的防禦系統；
修定，是培養心靈的免疫能力；
修慧，是開啟心靈的殺毒功能。
是為「勤修戒定慧，息滅貪瞋癡」。

深層力量

人的內心有躁動、混亂的一面，
也有寧靜、穩定的層面。
體認到寧靜、穩定的深層力量，
可以解除內心的躁動和混亂。

怎麼過

內心寧靜，
精神充實，
簡樸的生活也能過得很快樂自在；
內心浮躁，
精神貧乏，
富裕的生活也會過得百無聊賴。
所以，關鍵是取決於你怎麼過，
而不在於你有什麼。

善意

學會用善意的眼光看問題，
可以增長善心，建立和諧的人際關係，
同時也有助於事情的良性發展。

串習

當內心缺乏觀照時，
串習理所當然會成為心中的主人。

心靈空間

活在一個沒有設定、
沒有情緒干擾的心靈空間，
才會自由自在。

人生第一財富

身心健康是人生第一財富，
修身養性是人生最有價值的工作。

心種種故

平行宇宙論認為，
當我們做出選擇時，宇宙就在裂變。
佛教認為法界一體，
當我們分別心生起的時候，
就會形成各種心念、心態、人格，
以及顯現與此相對應的世界。
因為有種種心，
所以有種種世界。

流行病

在今天這個社會，
處處都是誘惑和干擾，
更有各種心靈病毒廣泛流行，
如果沒有開啟覺性系統，
建立內觀的監視功能，
想要不中毒是很難的。

路在心中

心胸開闊，待人寬容，
人生道路就會越走越寬；
心胸狹窄，斤斤計較，
人生道路就會越走越窄。
路，不只是在腳下，
也在我們的心中。

慚愧

何謂慚愧？
慚，是因為違背做人道德而生起羞恥心；
愧，是因為違背社會公德而生起羞恥心。
羞恥心，是止惡行善的基礎，
也是培養健全人格的保障。
佛經說：有慚有愧則有善法。
若無慚愧，則與禽獸無異也。

接納

忍辱，關鍵是以智慧消除內心瞋恨，
培養接納的胸懷。
唯有這樣，面對逆境時才能安然接受，
不陷入牴觸、對立的負面情緒中。

同理心

具備同理心，才能更寬容地面對各種人和事。
寬容他人，則會讓自己的心變得更廣闊，
更自由。

悲憫

悲憫是菩提心生起的基礎，
而菩提心能使悲憫增長為大慈大悲。
每個人都可以成為觀音菩薩那樣具有
大慈大悲的聖者，
但需要修悲憫心，發菩提心。

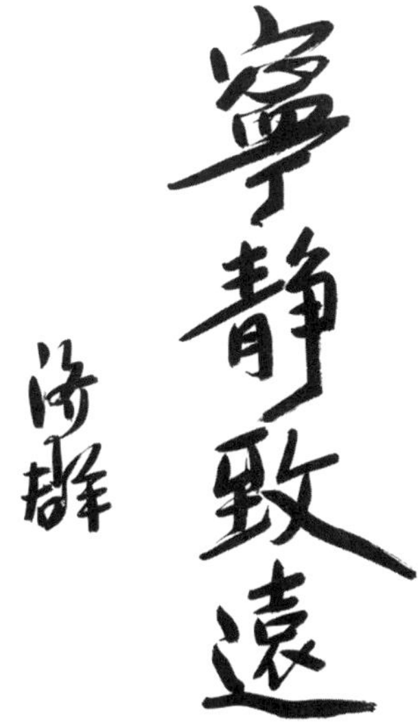

傷害

恨他人，就是在發展仇恨心理。
當這種心理產生作用時，
首先是傷害到自己，
然後才會傷害到他人。

四無量心

大乘佛子應每日修習四無量心：
願一切有情永具安樂及安樂因；
願一切有情永離眾苦及眾苦因；
願一切有情永具無苦之樂，
身心怡悅；
願一切有情永離貪瞋之心，
住平等捨。
若能常以此心面對眾生，
悲喜捨之心就得以增長。

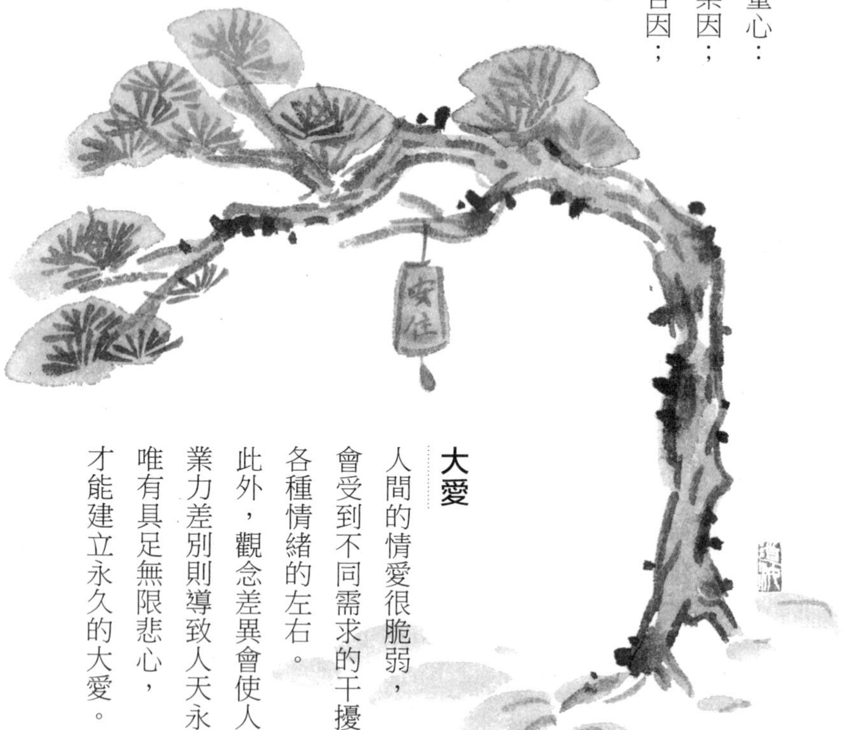

大愛

人間的情愛很脆弱，
會受到不同需求的干擾，
各種情緒的左右。
此外，觀念差異會使人各奔東西，
業力差別則導致人天永隔。
唯有具足無限悲心，
才能建立永久的大愛。

燈

如來使

覺醒和無盡的悲願，
是如來使應該具備的兩大素質。

向佛菩薩學習

學佛，就是向佛菩薩學習，
解除內心的貪瞋煩惱，
成為充滿慈悲和智慧的人，
盡未來際地自覺覺他、自利利他。

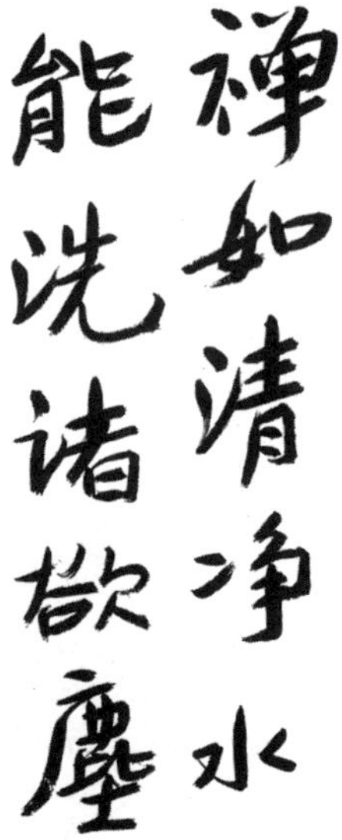

義工

給義工開示的時候，
我感到自己也是一個義工，
是一個在盡未來際生命中，
追求個人覺醒和幫助更多人走向覺醒的義工。
希望大家都能加入這個義工隊伍，
讓世界充滿光明和希望。

點亮心燈

燈，象徵著光明、智慧。
點燈供佛，
能給我們帶來光明的前景，
同時也寓意點亮心燈，
開啟內在的智慧光明。
願我們在賞燈時，
勿忘點燈的本來意義，
願佛法的覺醒之燈照遍人間。

點燈

無明使人看不清自己，
也無法對行為做出正確抉擇。
學佛就像在心中點燃一盞明燈，
看清自己，看清世界，
從而確立未來的人生方向。

道德基石

宗教是人類道德建立的基石。
否定宗教，也就摧毀了道德存在的基礎。

給力

誰最給力？三寶最給力。
真切地對三寶生起信心，修學佛法，
開啟生命內在的覺悟潛質，
必能擺脫迷惑，斷除煩惱，
成就解脫自在的人生。

別無選擇

發菩提心雖然辛苦，卻是走在解脫道上。
實在累了，歇一下也無妨。
如果不發菩提心，
永遠都是生活在無明暗夜中，
看不到痛苦的盡頭。

高尚信念

在這個世間，
只要還有人為高尚信念活著，
我們就能看到希望。
因為他們是黑暗中的光明，
是冷漠中的溫暖。

自他和樂

一個人只為自己活著，
就別指望別人為你無償服務。
如果你心中只有大眾，你的事，
大家也會當做自己的事。
唯有我為人人，才能人人為我，自他和樂。

善法欲

學佛不是讓我們無欲無求，
對正常的衣食需求，應少欲知足；
對不善或過度的需求，要堅決禁止；
對有利自身生命提升和利益大眾的需求，
則給予鼓勵，謂之善法欲。
在大乘佛教中，
將善法欲作為重要的修行內容，
要發起誓求無上菩提和利益一切眾生的宏願。
這是多麼大的欲望！

急功近利

缺少高尚的精神追求，
人們才會變得目光短淺，急功近利。
弘揚傳統文化中儒釋道的思想，
有助於大眾建立正向的精神追求，
改變這種短視而功利的現象。

戒律

戒律是一種心路規則，
告訴我們「此應做，此不應做」，
從而引導我們安全地行駛在人天道、
解脫道和菩提道上，
避免因貪瞋癡落入惡道。
如果說交通法規是生命的安全保障，
那麼，戒律就是法身慧命的安全保障。

呼喚良知

在一個缺少道德良知的社會，
發生什麼都是可能的。
我們要呼喚道德良知，
這才是社會的希望所在。

母親節

母親節，是提醒我們孝敬母親的節日。
從佛教觀點來看，母親對我們有無量恩德。
《父母恩重難報經》說到十種：
懷胎守護恩、臨產受苦恩、
生子忘憂恩、咽苦吐甘恩、
回乾就濕恩、哺乳養育恩、
洗濯不淨恩、遠行憶念恩、
深加體恤恩、究竟憐憫恩。
經常憶念母親恩德，
可以生起知恩圖報之心。

佛

佛是什麼？
佛是心靈的覺醒。
當你內心覺醒的時候，
你就是佛。

必經之路

怎樣學佛？
並非只是念經、磕頭、燒香，
或局限於某種特定形式，
而是學習佛法智慧，
並使這種智慧成為自己的認識，
完成觀念、心態到生命品質的轉變，
這是學佛必經之路。
所以說，學佛是生命改造工程，
必須完成靈魂深處的革命。

供養

為佛弟子，每日三餐前應合掌默念：
「供養佛，供養法，供養僧，
供養一切眾生。
願斷一切惡，願修一切善，誓度一切眾生。」
以此培植福德，強化人生目標。

改變中心

學佛，要改變以自我為中心的現狀，
進而以三寶為中心，以眾生為中心，
這樣才能解除我執，
成就大智慧和大慈悲。
否則的話，
所學所修往往會成為我執我見的資本。

覺醒的心

發菩提心，
就是發展覺醒的心。
不僅要自己走向覺醒，
還要幫助一切眾生走出迷惑，
走向覺醒。

本師

今天是教師節，想起佛陀，
他是我們的根本老師，
發現了生命的覺醒之道，
引領我們走出迷惘，走向覺醒。
我們感恩佛陀，紀念佛陀，
同時祝願天下的教師，
也能關注生命覺醒，
成為真正的靈魂工程師。

覺性相同

人的本性是相同的，
那就是人人都有覺悟潛質，都能成佛。
但習性是千差萬別的，
不同的觀念、行為及生活經驗，
形成了人與人的差異。

生命的覺醒

佛教認為每個生命都有與生俱來的迷惑，
同時也具有自我覺醒和自我拯救的能力。
佛陀便是全然的覺醒者，
佛法是透過對生命的正確認識及禪修，
幫助我們從迷惘中覺醒，
完成生命的自我拯救。
佛陀是導師，是覺醒的榜樣，
而佛法則是生命從迷惑走向覺醒的課程。

滅苦之道

佛教是滅苦之道。
佛陀教義的核心綱領為四諦，即苦集滅道。
其中包括正視苦的現實，瞭解苦的根源，
以及究竟平息痛苦的方法，
從而體認生命內在的寧靜和喜悅。

正見

各行各業都有相關的標準，
否則就會製造次品，帶來混亂。
同樣，修學佛法如果沒有正見作為標準，
就會看不清方向，從而偏離正道。
所以，八正道是以正見為首。

踐行道德

從佛法觀點來看，智慧比道德更重要。
因為道德需要在智慧的指導下實踐，
同時也是為成就智慧服務的。
如果只是機械地遵行某種道德，
既不知道為什麼這麼做，
也不知道這麼做的利益何在，
會是一件辛苦的事。

持戒

人們之所以不願持戒，多半是害怕受到約束。
當然，每個人可以選擇行為的自由，
但錯誤選擇是要付出代價的。
而持戒正是阻止這種錯誤選擇，
使我們心安理得地活著。

臨終關懷

佛教有臨終關懷的專案，
對於臨終者，一是給予心理引導，
幫助他面對臨終前出現的各種境象，
做出正確選擇；二是提供信仰支持，
透過助念，幫助亡者排除干擾，
建立正念，往生善道。
許多人既沒有信仰，
又缺乏面對死亡的準備，
想要安然死去是很不容易的！

昇華

凡是大乘佛子，應該發菩提心，
把一切眾生放在心上，
化自私的愛為廣大無私的愛。
在大愛中，使生命共同得到昇華。

自尊

每個人都有成佛的潛質，
都有覺悟的本性，不應妄自菲薄。
《法華經》說，常不輕菩薩見人就拜，
有人不解，問他為何如此？
他說：「你們都會成佛，我不敢輕視你們。」
常不輕菩薩透過禮敬的方式，
來喚醒眾生對生命的自尊，
對人身價值的認識，這是多麼慈悲的胸懷！

從身邊做起

我們總在說發菩提心，
說要幫助天下眾生，
這就必須從身邊的人做起，
對他們寬容、愛護、平等、慈悲。
如果連身邊的人都無法相處，
菩提心從何修起？

最佳選擇

發菩提心，
把生命投入到自覺覺他的無限事業中去，
是生命發展的最佳選擇。

四個根本

皈依是信仰的根本，
發心是修行的根本，
戒律是僧團的根本，
正見是解脫的根本。

有智慧，有慈悲

學佛，是學習佛菩薩的智慧和慈悲。
有了智慧，就能了悟世間真相，
斷煩惱，得自在。
有了慈悲，就能接納並寬容一切，
不再與人為敵，遠離各種災難。

學觀音而非求觀音

如果我們總是祈求觀音菩薩保佑，
幫助我們實現各種世俗願望，
那註定只是一個可憐的眾生。
如果我們學習觀音菩薩的精神，
長養慈悲心行，以幫助眾生為已任，
那我們不僅能解除自身的痛苦，
也能解除天下蒼生的痛苦，
最終成為像觀音菩薩一樣的聖者。

依師亦依法

在佛法修學中，
一方面強調老師的重要，
一方面強調法的重要。
如果沒有善知識，就不能聽聞正法；
不依法修行，就不能從迷惑走向覺醒。
所以佛法要求我們親近善知識，
又說依法不依人。
這樣既能減少盲修瞎練造成的問題，
也避免過分依賴個人帶來的弊端。

信仰缺失

信仰缺失，必然會走向功利和道德淪喪，
這是一個否定信仰的社會必然要付出的代價。
信仰是社會道德建立的基石，
引導大眾選擇正確的信仰，
將有助於社會的健康發展。

核心

無我利他是大乘佛法的核心精神，
自覺覺他是大乘佛法的核心價值。
唯有徹底地無我利他，
才能真正地自覺覺他。

視他如己

如果認定自身為我，
就會覺得他人與我毫不相干，
從而強化我執，增長煩惱。
唯有視他如己，才能生起同體大悲，
在利益他人的同時弱化我執，解除煩惱。

出家

出家意味著什麼？
毀形守志節，割愛無所親，
棄家入聖道，願度一切人。

菩提大道

菩提大道在哪裡？
在一本叫《菩提大道》的書裡。
不過那只是一張地圖，
真正的菩提大道是在每個人內心深處，
也是無所不在的。

四個一

學佛道路上，
要有一個目標，一張地圖，
一位導師，一群夥伴。
菩提書院便創造了這樣一個環境，
使在家眾在不影響工作、生活的情況下，
能夠系統地修學佛法。

大悲心

觀音菩薩是大悲心的顯現。
憶念觀音菩薩，
應該學習並實踐大悲心行，
像觀音菩薩那樣，
尋聲救苦，有求必應，
解除人間各種痛苦和災難。

人人皆菩薩

每個人都有或多或少的悲憫之心，
把這一念悲心擴大到無限，
便能成就觀音菩薩的大悲心。
只要發願，只要努力，
人人皆可成為觀音菩薩！

普賢行願

普賢菩薩之所以稱為大行，
因為他的行願廣大無邊。
正如《行願品》裡說到的十大願王，
從空間上，是以盡虛空、遍法界為對象；
從時間上，要盡未來際不斷地實踐。
這樣的願行，
可以幫助我們迅速超越對有限的執著，
通達無限。

六度

六度，是菩薩修行的六個項目。
佈施對治貪心，忍辱對治瞋心，
智慧解除愚癡。
持戒、精進、禪定，
則是息滅貪瞋癡的輔助修行。
修習六度，是在利他中修正自我，走向覺醒。

十善

所謂善，即遠離不善的過失，
做到不殺生、不偷盜、不邪淫、不妄語、
不兩舌、不惡口、不綺語、不貪婪、
不瞋恨、不邪見，此為十善行。
善行能給我們帶來利益安樂，
不善行則會給個人和社會造成危害。
十善，既是做人的十種基本德行，
也是維護社會安定和諧的保障。

法脈

佛弟子承擔著如來使者的職責，
那就是傳承佛法，
實踐佛法，弘揚佛法。
以此點亮覺醒的心燈，
照亮自己，也照亮他人，
盡未來際地自覺覺他。

正信和迷信

學習佛法，樹立正信，
才能掃除封建迷信。
如果缺少正見和正信，
我們往往會活在封建迷信中而不自知。

理解、接受、運用

學佛的步驟有三點，
就是理解、接受、運用。
真正理解了，才談得上接受，
談得上運用。
在應用過程中，
又可以達到三種改變。
首先是觀念的改變，
以佛法觀念代替原有觀念，
然後是心態的改變，
最終是生命品質的改變。

落地生根的佛教

說到國學，人們比較容易想到儒家、
道家思想，認為佛教是外來的。
其實，佛教傳到中國兩千多年來，
早已滲透到各個領域，
如文學、哲學、藝術、民俗等，
和傳統水乳交織，
成為中國文化的重要組成部分。
學習國學，是離不開佛學的。

療心良藥

現代社會最大的問題是人的心態不好，
使得窮人和富人都煩惱重重。
佛法是心性之學，
也是治療各種心靈問題的良藥。
弘揚佛法，有助於民眾的心理健康。

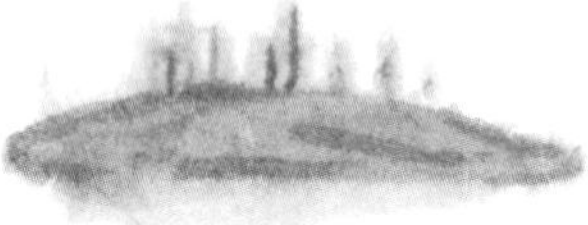

佛法核心

解脫是三乘佛法的核心。
聲聞乘以追求解脫為目的，
大乘行人也須具足解脫能力，
方可自覺覺他，
否則就是泥菩薩過河，自身難保。

慈悲

何為慈悲？
慈，與樂也，
是給他人帶去快樂。
悲，拔苦也，
是令他人從痛苦解脫。
大慈大悲，
是說菩薩能對一切眾生生起慈悲之心，
既說明慈悲的廣大，
也代表慈悲的深刻、圓滿。

菩提家園

自我是一種迷亂的感覺，
家庭是一段暫時的關係。
家在哪裡？菩提家園是家，
覺醒的心是究竟的家。
把心帶回家，那才是你真正的安身立命之處。

心靈慈善

對現代人而言，
心靈貧困已經超過物質貧困。
因此，心靈慈善比物質慈善更重要，
更急迫，更值得關注。

兩件大事

學佛人有兩件大事：
一是修學佛法，解除人生迷惑，
開智慧，斷煩惱。
二是傳播佛法，成就無量福德慈悲，
同時幫助更多人從迷惑走向覺醒。
在菩提道上，佛和眾生同等重要，
不學佛無以成就智慧，
不利他無以成就慈悲。
只有悲智具足、福慧圓滿，
乃能成就圓滿佛果。

何以擔當

佛法如此殊勝，沒有優秀的僧團，
何以繼承，何以擔當！

希望所在

恢復寺院教育和弘法的基本職能，
是佛教健康發展的希望所在。

魔王的詭計

不是穿著僧衣就能代表佛法，
也不是住在寺院就能代表佛法，
唯有學習、實踐並弘揚佛法，
才能代表佛法。
佛經記載：佛陀在世時，
魔王波旬用各種手段阻止佛法傳播都未成功，
於是對佛陀說，等你涅槃後，
讓我的子孫們穿你的衣，
吃你的飯，謗你的法。
佛陀為之垂淚。

感恩

文化教育和經驗傳承，
決定了一個人的生命內涵，
也決定了社會的道德水準。
如果沒有聖哲們的出世，
缺少具有智慧內涵的文化，
多數人只會醉生夢死地活著。
我們應該感恩佛陀及歷代祖師，
感恩古今中外的所有聖哲！

落實佛法

有佛法的寺院，才是真正的道場；
缺少佛法，不過是個景點而已。
有佛法的僧人，才是真正的僧人；
缺少佛法，不過是一些穿著僧裝的工作人員。
所以，應該恢復寺院的教育職能，
把佛法真正落實到寺院，落實到每個僧人。
否則，真是廟不像廟，僧不像僧。

普世性的智慧

佛法非宗教，也非某個團體獨有。
佛法，是一種普世性的智慧，
是一種究竟解決生命迷惑煩惱的方法，
也是人類共同的精神財富。
像空氣一樣存在，像水一樣重要，
就在你的身邊，就在你的身上。
佛經幫助我們認識，善知識引導我們開顯，
任何人都可以實踐佛法，
都可以成為佛法的主人。

僧團之本

僧，清淨、和合義。
僧團，是一個依六和共住的團體，
是一個以追求真理、證得解脫為目標的團體，
也是一個以續佛慧命、
傳播正法為己任的團體。
這是佛陀最初建立僧團的意義。
當僧團缺少佛法，
不能住持並弘揚佛法的時候，
就會成為佛教發展的障礙，
不再是真正意義上的僧團。

信仰

人類需求不同，生命素質不同，
所以世界需要有多元的信仰，
需要有更多的人傳播善良、博愛，
相互包容，求同存異，
世界才會變得更加美好。

道在人弘

佛教界要培養學法、弘法的意識，
每個寺院應該有常規的修學內容
和弘法活動，
才能保障僧人的基本素質，
保障佛教的健康發展。
如果忽視學法和弘法，佛教就會變質，
迷信化、庸俗化也就在所難免。

盡職

寺院的職能是成就僧眾聞法修行、
傳播佛法；
方丈的職責是指導僧眾修學佛法、教化一方。
偏離了這種職責和職能，
使得佛教不成佛教，僧團不像僧團。

回歸本位

寺院是出家人修道的場所，
也是教化社會、淨化心靈的學校。
建設修學型、服務型的寺院，
避免成為單純的旅遊和商業場所，
是教界應該努力的目標，
也需要社會大眾共同維護。

朝聖

朝聖，是走近佛陀、走向生命覺醒的旅程，
可以在虔誠中淨化身心，喚醒內心的神聖；
可以憶念佛陀功德，以佛菩薩為榜樣，
念念融入佛陀無盡功德的海洋中。

古聖先賢

坐在佛陀專列上，
想起這片土地上出現過佛陀、
龍樹、提婆、無著、世親等諸大聖哲，
倍感神聖。
人類充滿無明和荒謬，
因為他們的出現，才讓我們看清生命真相，
找到通往解脫自由的大道。
此恩此德，粉身碎骨亦不足以酬報。

追逐影子

因為不瞭解自己，
所以不知道什麼才是人生最重要的。
我們只是隨著某種執著和渴求，
不斷追逐妄想的影子。

雁過長空

心不黏著，
物來即現，物去即無，
如雁過長空，不留痕跡。
這樣的話，
即便做再多的事，
也不會覺得有事。

忽悠

學會客觀地審視自己，
當心被妄想給忽悠了。

自欺欺人

欺騙別人而不自省，是可怕的；
欺騙自己而不自知，是可悲的。

無來無去

來去，找不到來去的本質。
所以來去也只是一種因緣假相，
其實是無來無去。

思考

有人說：
人類一思考，上帝就發笑。
從佛教觀點來看，理性並不都是荒謬的。
接受正見，善用理性，
可以開發智慧，認識真理。
而接受邪見，濫用理性，
則會使人走向無明的深淵。

覺醒的教育

佛教是生命覺醒的教育，
寺院正是實行這種教育的學校。
佛教信仰則是建立在教育基礎上，
依正見而有正信。
忽略其教育內涵，一味強調信仰，
便容易使佛教流於迷信、膚淺，甚至庸俗。

覺音

基督教傳播的是福音，
可以成就人天福報。
佛教傳播的是覺音，
可以幫助我們從迷惑走向覺醒，走向解脫。

覺悟之光

在這高度無明的時代，
唯有覺悟之光才能給世界帶來希望。

佛像的作用

有人看到寺院供著佛像，
就攻擊佛教徒崇拜偶像。
其實，佛陀在世時並沒有佛像。
佛滅後，佛寺中供奉佛像，
只是一個象徵意義，
是為了透過佛像憶念佛菩薩的功德，
起到見賢思齊的效果。
在佛經中，為了破除人們對佛陀色身的執著，
特別宣說了法身無相之理，
所謂「若見諸相非相，即見如來」。

加持

加持，讓我想到加磁。
賓館的門卡，加了磁才有效；
同樣，有了三寶的加持，
走在菩提道上才更有力量。

無我利他

菩薩行的核心精神是無我利他。
無我，是徹底破除自私自利之心；
利他，是全心全意為一切眾生服務，
幫助他們究竟地離苦得樂。
菩薩正是從無我利他的修行中，
開啟智慧，圓滿大悲。

無上清涼

自我拯救

佛陀成道對於人類的最大貢獻，
是發現一切眾生都有覺悟潛質，
都有能力解除自身迷惑，
完成生命的自我拯救。
佛陀的這一發現，
給眾生找到了解脫的出路。

信佛

信佛，並非只是信仰外在的佛，求佛保佑。
關鍵是相信我們內在都有佛性，都能成佛，
並以成就佛果、走向生命覺醒做為人生目標。

智慧之燈

一燈能破千年暗，一智能破萬年愚。
點燃心中的智慧之燈，才能驅除黑暗，
照破無明。

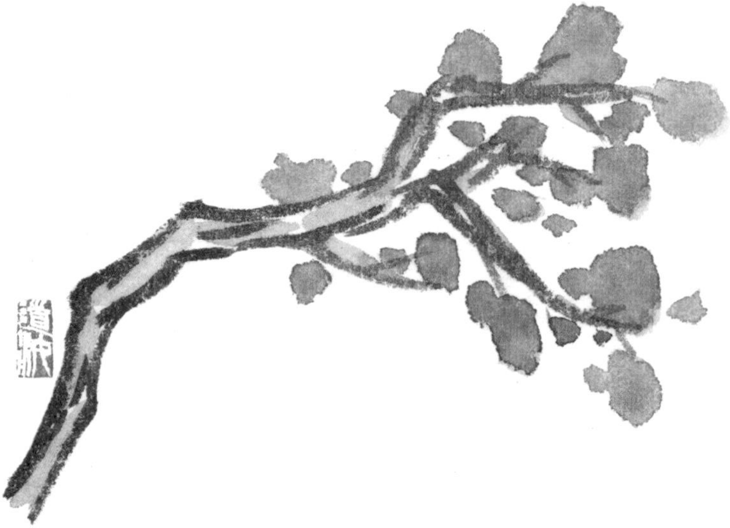

四諦法門

佛陀最初說四諦法門，
揭示了心理治療的原理。
一是苦諦，認清人生存在痛苦的現實，
不迴避。
二是集諦，找到人生痛苦的根源，
即貪瞋癡。
三是滅諦，解除內心的貪瞋癡，
恢復生命的健康與自由，
即涅槃解脫。
四是道諦，找到治療貪瞋癡的方法，
即三學、八正道。
佛陀一生的教法，
都是治療貪瞋癡的不同方案。

重裝系統

學佛，必須給生命重裝系統，
或是優化現有系統，
才能真正見效。
如果僅僅換一個桌面或裝一個軟體，
是不會有多少作用的。
也有人是在現有的凡夫系統外另裝一套
學佛系統，
把學佛和現實生活打成兩截，
結果學來學去還是依然故我，不見進步。
更麻煩的是，兩套系統還會相互干擾，
產生衝突。

回家

學佛，是幫助我們找到回家的路，
回歸心靈家園，回到覺醒故鄉，
不再流浪於輪迴途中。

手持青秧插满田低頭
便见水中天六根清净
方为道退步原来是向
前

布袋和尚诗

净群

佛教興衰

沿著佛陀足跡，
朝禮佛教遠址，
感到沉重和悲傷。
不是因為佛教衰落，
而是眾生無明，
認識不到佛法的價值，
使這種智慧在這片土地上消失，
人們又回到迷妄的信仰中。
所幸佛法已傳播到世界各地，
被越來越多的人接受，
相信不久的將來也能在本土重興。

真自由

一個人可以到處走，做自己想做的事，
就算是自由的。
一個人能夠隨遇而安，隨緣自在，
才算是真正的自由。

為正念而生

為正念而生！
不要再做妄想的奴隸了。

看不清

內心缺乏正知，
看不清心念活動，
沒有主動選擇行為的能力，
最後只能讓煩惱當家作主了。

找到方向

在這個知識爆炸的時代，
人類似乎有了前所未有的豐富知識，
但對正確認識人生和生命真相的知識，
卻普遍重視不足，
結果不能立定腳跟，
在知識叢林中迷失了自己。
學習佛法，可以幫助我們認識自己，
開啟智慧，
找到正確的人生方向。

佛誕日

在本師釋迦牟尼聖誕，
傳統的紀念方式是浴佛法會，
停留在宗教儀式的層面。
建議大家把佛誕作為一次「瞭解佛陀、
走近佛陀」的機會，
讀誦佛陀傳記，宣揚佛陀功德，
讓更多人認識真正的佛陀。

編後

零關注，就是無限關注

——《蘇州廣播電視報》專訪濟群法師

記者／秦亞喬

在蘇州微博界，有一個微博既不屬於明星，也無關緋聞，無關打折，無關冷笑話，卻有幾十萬粉絲。這個微博來自蘇州西園寺首座濟群法師。如果說微博界有很多高人氣的微博粉絲數量都是刷出來的，那麼濟群法師的粉絲卻是真實來自全國各地的，你可以在其中看到很多年輕的面孔，個性的微博名。為什麼這麼多年輕人、普通人會關注一位法師的微博，也許是因為在今天浮躁、矛盾叢生的社會裡，人們需要有人來指點迷津，期待醍醐灌頂。而一位清心修行，道行高深的僧人開微博，符合人們的期望。

高僧微博探討現代人心理

「今天是西方國家的愚人節，也是我們無明中的眾生的共同節日！首先我們要慶祝節日快樂！其次讓我們一起祈願：早日擺脫愚癡帶來的種種荒謬，做一個活得明白而又有意義的人。」

「今天是汶川地震三週年，讓我們一起至心念誦三皈依：南無布達耶、南無達瑪耶、南無僧伽耶……超度地震中的亡靈，願他們往生佛國。也願生者健康、快樂。」

「心清明的時候，才能看清煩惱的行蹤，才能可以避免被它左右。」

「兒童節快樂！願天下的兒童永遠不失童心，享受天真的快樂，健康成長。」

「把自我縮小，你的世界就會變大；把自我放大，你的世界就會變小。」

沒有枯燥的說教，高深莫測的禪理，濟群法師的微博大多都是談現代社會中人們的心理問題。愚人節、母親節、兒童節、唱紅歌，這位佛門中人的微博和現實生活切合度非常高。有時候，他也會童心未泯，發一張「小鳥與山僧」的照片，照片中一隻小鳥棲息在他手上。或者發一張牛蛙的大特寫，叫「牛蛙也有佛性」。

濟群法師常在廈門南普陀寺的山中禪室靜修，過著清淨的山居時光，但同時他又有自己的個人主頁，自己的博客，並且在二〇〇九年就時髦地玩起了微博。濟群法師說，這都是為了弘法。

他最早開了個人主頁，後來發現博客比主頁靈活，就開了博客；又發現微博比博客靈活，就又開了微博。剛開始，他也沒有很認真，開了半年也沒怎麼管。後來有居士說：「法師你也開微博啦？我們都關注了，但怎麼沒啥動靜呢？」經這一提醒，濟群法師開始認真地發微博。幾天後，粉絲數就已經蹭蹭上漲了。

普通人用微博曬生活，明星用微博博眼球，對於濟群法師而言，微博是用來傳播佛法的。當然，是以一種現代人容易理解接受的方式。「當今社會，人們的觀念、生活方式確實存在一些問題，微博弘法是透過佛法給民眾以正確指引，提供智慧的人生觀和健康的生活方式。」濟群法師說，如果只是單純弘法，很可能流於說教，也不可能有這麼多人關注了。

關注為零，我有自己的理解

濟群法師的每一條微博，少則被轉發一兩百次，多則七八千次，評論也不計其數。他的微博有一個特點，粉絲幾十萬，關注卻為零。濟群說，他時常會看一看粉絲們的評論，因為他一方面希望指出現實問題，為大眾提供不同角度的思考，但另一方面也擔心，人們能否接受，會不會刺傷自尊。所以他要瞭解觀者的反映，來更好地調整自己的微博。

「我還是喜歡清淨的生活，所以我的關注為零。」有粉絲提出質疑：「法師怎麼一個微博也不關注，是不是他不關注大家？」濟群笑著說：「我有我自己的解讀——零是無限。關注一個人，關注十個人，都是有限的關注。零關注，是代表無限的關注，是對整個社會的關注。」

和很多網路形式一樣，微博一開始給了我們一個自由的新世界，展示自己真實的一面。但是隨著時間的推移，微博上也出現了吵鬧聲，有些人因為不恰當的言語或者行為動輒得咎，甚至引發新聞事件。而以零關注開博的濟群法師在這樣的喧囂中，既融入而又保持著清淨。

有人的地方就有是非

「有人的地方，就有矛盾，有是非。」濟群法師說，「微博是現實的投射，並且會將現實擴大。微博其實是將有限的東西放入無限的時空，原本是區域性、地區性的事情，到了這裡就成了全國性、世界性的。」

濟群法師提醒人們，現實中不敢說的話就拿到微博上說，恰恰是本末倒置。因為網路的放大效應會帶來無法控制的結果，所以在網路上說話更應該慎重。「接觸微博，要給自己一個定位，比如我上微博的定位就是弘揚佛法，用佛法的智慧解決現實人生存在的問題。」法師說，人在網上網下都要能對自己的言行負責，這必須有清晰的定位才能做到。

微博控，別怪微博

微博興起了，「微博控」也隨之出現。有些網友迷戀微博，每天沒日沒夜地上微博，工作時也控制不住自己找機會看微博，甚至為此放棄睡眠時間。

「控是一種心理現象，過分依賴就會導致被選擇、被控的結果。」濟群法師說，「微博控不是因為微博，而是因為自己強大的依賴心理。我們其實不是被微博控制，而是被強大的依賴心理控制了。」法師一一列舉，現在有手機控、電腦控、網路控，這都是因為沒有正確定位，導致過分依賴、沉迷某件事物，不斷產生心理需求。要「戒控」，就要面對自己的內心。

「給它一個正確定位，然後有所節制。」

濟群法師著作系列

修學引導叢書

《探索》

《走近佛陀》

《道次第之道》

《菩提大道——《菩提道次第略論》講記》

《菩提心與普賢行願》

《尋找心的本來》

《你也可以做菩薩——《入菩薩行論》講記》

《學著做菩薩——《瑜伽菩薩戒品》解讀》

《真理與謬論——《辯中邊論》解讀》

《認識與存在——《唯識三十論》解讀》

《超越「二」的智慧——《心經》《金剛經》解讀》

《開啟內在智慧的鑰匙——《六祖壇經》解讀》

智慧人生叢書

《你也可以這樣活著》

《心，才是幸福的關鍵》

《我們誤解了這個世界》
《我們誤解了自己》
《經營企業與經營人生》
《造就美好的自己》
《走出生命的迷霧》
《禪語心燈》
《怎麼過好這生活》
《有疑惑，才能開悟》

以戒為師叢書

《認識戒律》
《戒律與佛教命脈——標宗顯德篇解讀》
《僧伽禮儀及塔像製造——僧像致敬篇解讀》
《出家剃度及沙彌生活——沙彌別行篇解讀》
《比丘資格的取得——受戒緣集篇解讀》
《僧伽的教育問題——師資相攝篇解讀》
《僧伽的自新大會——說戒正儀篇解讀》
《僧團的管理制度——僧網大綱篇解讀》
《僧伽的定期潛修——安居策修篇解讀》
《僧格的年檢——自恣宗要篇解讀》
《戒律與僧伽生活》

橡樹林文化 ❖❖ 善知識系列 ❖❖ 書目

JB0026	正念的四個練習	喜戒禪師◎著	260 元
JB0027	見佛殺佛	一行禪師◎著	220 元
JB0028	無常	阿姜查◎著	220 元
JB0029	覺悟勇士	邱陽・創巴仁波切◎著	230 元
JB0030	正念之道	向智長老◎著	280 元
JB0032	統御你的世界	薩姜・米龐仁波切◎著	240 元
JB0033	親近釋迦牟尼佛	髻智比丘◎著	430 元
JB0034	藏傳佛教的第一堂課	卡盧仁波切◎著	300 元
JB0035	拙火之樂	圖敦・耶喜喇嘛◎著	280 元
JB0037X	一行禪師　活在正念的愛裡	一行禪師◎著	300 元
JB0038	專注力	B・艾倫・華勒士◎著	250 元
JB0039X	輪迴的故事	堪欽慈誠羅珠◎著	280 元
JB0040	成佛的藍圖	堪千創古仁波切◎著	270 元
JB0041	事情並非總是如此	鈴木俊隆禪師◎著	240 元
JB0042X	祈禱的力量	一行禪師◎著	300 元
JB0044	當光亮照破黑暗	達賴喇嘛◎著	300 元
JB0045	覺照在當下	優婆夷紀・那那蓉◎著	300 元
JB0046	大手印暨觀音儀軌修法	卡盧仁波切◎著	340 元
JB0047X	蔣貢康楚閉關手冊	蔣貢康楚羅卓泰耶◎著	260 元
JB0048X	開始學習禪修	凱薩琳・麥唐諾◎著	320 元
JB0049X	我可以這樣改變人生	堪布慈囊仁波切◎著	300 元
JB0050	不生氣的生活	W. 伐札梅諦◎著	250 元
JB0052	一心走路	一行禪師◎著	280 元
JB0054	觀世音菩薩妙明教示	堪布慈囊仁波切◎著	350 元
JB0058	慈悲與智見	達賴喇嘛◎著	320 元
JB0059	親愛的喇嘛梭巴	喇嘛梭巴仁波切◎著	320 元
JB0062X	白話《菩提道次第廣論》	宗喀巴大師◎著	550 元
JB0063	離死之心	竹慶本樂仁波切◎著	400 元
JB0065X	夢瑜伽與自然光的修習	南開諾布仁波切◎著	320 元
JB0067	最勇敢的女性菩薩：綠度母	堪布慈囊仁波切◎著	350 元
JB0069	接觸大地：與佛陀的親密對話	一行禪師◎著	220 元

JB0070	安住於清淨自性中	達賴喇嘛◎著	480 元
JB0072S	菩薩行的祕密【上下冊】	佛子希瓦拉◎著	799 元
JB0073	穿越六道輪迴之旅	德洛達娃多瑪◎著	280 元
JB0074	突破修道上的唯物	邱陽·創巴仁波切◎著	320 元
JB0078	見之道	根松仁波切◎著	330 元
JB0079	彩虹丹青	祖古·烏金仁波切◎著	340 元
JB0082	進入禪定的第一堂課	德寶法師◎著	300 元
JB0083	藏傳密續的真相	圖敦·耶喜喇嘛◎著	300 元
JB0085	本智光照：功德寶藏論　顯宗分講記	遍智　吉美林巴◎著	380 元
JB0086	普賢王如來祈願文	竹慶本樂仁波切◎著	320 元
JB0088	不依執修之佛果	敦珠林巴◎著	320 元
JB0089	本智光照：功德寶藏論　密宗分講記	遍智　吉美林巴◎著	340 元
JB0090	三主要道論	堪布慈囊仁波切◎講解	280 元
JB0091	千手千眼觀音齋戒：紐涅的修持法	汪遷仁波切◎著	400 元
JB0092	回到家，我看見真心	一行禪師◎著	220 元
JB0093	愛對了	一行禪師◎著	260 元
JB0095	次第花開	希阿榮博堪布◎著	350 元
JB0096	楞嚴貫心	果煜法師◎著	380 元
JB0097	心安了，路就開了： 讓《佛說四十二章經》成為你人生的指引	釋悟因◎著	320 元
JB0098	修行不入迷宮	札丘傑仁波切◎著	320 元
JB0099	看自己的心，比看電影精彩	圖敦·耶喜喇嘛◎著	280 元
JB0100	自性光明·法界寶庫論	大遍智　龍欽巴尊者◎著	480 元
JB0101X	穿透《心經》：原來，你以為的只是假象	柳道成法師◎著	380 元
JB0102	直顯心之奧秘：大圓滿無二性的殊勝口訣	祖古貝瑪·里沙仁波切◎著	500 元
JB0103	一行禪師講《金剛經》	一行禪師◎著	320 元
JB0104	一行禪師談生命真正的快樂： 金錢與權力能帶給你什麼？	一行禪師◎著	300 元
JB0105	一行禪師談正念工作的奇蹟	一行禪師◎著	280 元
JB0106	大圓滿如幻休息論	大遍智　龍欽巴尊者◎著	320 元
JB0107	覺悟者的臨終贈言：《定日百法》	帕當巴桑傑大師◎著 堪布慈囊仁波切◎講述	300 元
JB0109	快樂來自心	喇嘛梭巴仁波切◎著	280 元
JB0110	正覺之道·佛子行廣釋	根讓仁波切◎著	550 元

JB0111	中觀勝義諦	果煜法師◎著	500 元
JB0112	觀修藥師佛：祈請藥師佛，能解決你的困頓不安，感受身心療癒的奇蹟	堪千創古仁波切◎著	300 元
JB0113	與阿姜查共處的歲月	保羅・布里特◎著	300 元
JB0114	正念的四個練習	喜戒禪師◎著	300 元
JB0115	揭開身心的奧秘：阿毗達摩怎麼說？	善戒禪師◎著	420 元
JB0116	一行禪師講《阿彌陀經》	一行禪師◎著	260 元
JB0117	一生吉祥的三十八個祕訣	四明智廣◎著	350 元
JB0118	狂智	邱陽創巴仁波切◎著	380 元
JB0119	療癒身心的十種想——兼行「止禪」與「觀禪」的實用指引，醫治無明、洞見無常的妙方	德寶法師◎著	320 元
JB0120	覺醒的明光	堪祖蘇南給稱仁波切◎著	350 元
JB0121	大圓滿禪定休息論	大遍智　龍欽巴尊者◎著	320 元
JB0122X	正念的奇蹟	一行禪師◎著	300 元
JB0123	一行禪師　心如一畝田：唯識 50 頌	一行禪師◎著	360 元
JB0124X	一行禪師 你可以不生氣：佛陀的最佳情緒處方	一行禪師◎著	320 元
JB0125	三句擊要： 以三句口訣直指大圓滿見地、觀修與行持	巴珠仁波切◎著	300 元
JB0126	六妙門：禪修入門與進階	果煜法師◎著	400 元
JB0127	生死的幻覺	白瑪桑格仁波切◎著	380 元
JB0129	禪修心經——萬物顯現，卻不真實存在	堪祖蘇南給稱仁波切◎著	350 元
JB0130	頂果欽哲法王：《上師相應法》	頂果欽哲法王◎著	320 元
JB0131	大手印之心：噶舉傳承上師心要教授	堪千創古仁切波◎著	500 元
JB0132	平心靜氣：達賴喇嘛講《入菩薩行論》〈安忍品〉	達賴喇嘛◎著	380 元
JB0133	念住內觀：以直觀智解脫心	班迪達尊者◎著	380 元
JB0134	除障積福最強大之法——山淨煙供	堪祖蘇南給稱仁波切◎著	350 元
JB0135	撥雲見月：禪修與祖師悟道故事	確吉・尼瑪仁波切◎著	350 元
JB0136	醫者慈悲心：對醫護者的佛法指引	確吉・尼瑪仁波切 大衛・施林醫生◎著	350 元
JB0137	中陰指引——修習四中陰法教的訣竅	確吉・尼瑪仁波切◎著	350 元
JB0138X	佛法的喜悅之道	確吉・尼瑪仁波切◎著	350 元
JB0139	當下了然智慧：無分別智禪修指南	確吉・尼瑪仁波切◎著	360 元
JB0140	生命的實相——以四法印契入金剛乘的本覺修持	確吉・尼瑪仁波切◎著	360 元

JB0141	邱陽創巴仁波切 當野馬遇見上師：修心與慈觀	邱陽創巴仁波切◎著	350 元
JB0142	在家居士修行之道——印光大師教言選講	四明智廣◎著	320 元
JB0143	光在，心自在 〈普門品〉陪您優雅穿渡生命窄門	釋悟因◎著	350 元
JB0144	剎那成佛口訣——三句擊要	堪祖蘇南給稱仁波切◎著	450 元
JB0145	進入香巴拉之門——時輪金剛與覺囊傳承	堪祖嘉培珞珠仁波切◎著	450 元
JB0146	（藏譯中）菩提道次第廣論： 抉擇空性見與止觀雙運篇	宗喀巴大師◎著	800 元
JB0147	業力覺醒：揪出我執和自我中心， 擺脫輪迴束縛的根源	圖丹．卻准◎著	420 元
JB0148	心經——超越的智慧	密格瑪策天喇嘛◎著	380 元
JB0149	一行禪師講《心經》	一行禪師◎著	320 元
JB0150	寂靜之聲——知念就是你的皈依	阿姜蘇美多◎著	500 元
JB0151	我真正的家，就在當下—— 一行禪師的生命故事與教導	一行禪師◎著	360 元
JB0152	達賴喇嘛講三主要道—— 宗喀巴大師的精華教授	達賴喇嘛◎著	360 元
JB0153	輪迴可有道理？—— 五十三篇菩提比丘的佛法教導	菩提比丘◎著	600 元
JB0154	一行禪師講《入出息念經》： 一呼一吸間，回到當下的自己	一行禪師◎著	350 元
JB0155	我心教言——敦珠法王的智慧心語	敦珠仁波切◎著	380 元
JB0156	朗然明性： 藏傳佛教大手印及大圓滿教法選集	蓮花生大士、伊喜．措嘉、 龍欽巴、密勒日巴、祖古． 烏金仁波切等大師◎著	400 元
JB0157	跟著菩薩發願：〈普賢行願品〉淺釋	鄔金智美堪布◎著	400 元
JB0158	一行禪師　佛雨灑下—— 禪修《八大人覺經》《吉祥經》 《蛇喻經》《中道因緣經》	一行禪師◎著	380 元

金翅鳥　JZ08

禪語心燈

作　　者　濟群法師
責任編輯　李瓊絲、陳芊卉
封面設計　夏魚
內頁排版　北京竹頁文化傳播有限公司
業　　務　顏宏紋
印　　刷　中原造像股份有限公司

發 行 人　何飛鵬
事業群總經理　謝至平
總 編 輯　張嘉芳
出　　版　橡樹林文化
台北市南港區昆陽街 16 號 4 樓
電話：886-2-2500-0888#2738　傳真：886-2-2500-1951
發　　行　英屬蓋曼群島商家庭傳媒股份有限公司城邦分公司
台北市南港區昆陽街 16 號 8 樓
客服專線：02-25007718；02-25007719
24 小時傳真專線：02-25001990；02-25001991
服務時間：週一至週五上午 09:30-12:00；下午 13:30-17:00
劃撥帳號：19863813　戶名：書虫股份有限公司
讀者服務信箱：service@readingclub.com.tw
城邦網址：http://www.cite.com.tw
香港發行所　城邦（香港）出版集團有限公司
香港九龍土瓜灣土瓜灣道 86 號順聯工業大廈 6 樓 A 室
電話：852-25086231　傳真：852-25789337
電子信箱：hkcite@biznetvigator. com
馬新發行所　城邦（馬新）出版集團
Cite (M) Sdn. Bhd. (458372U)
41, Jalan Radin Anum, Bandar Baru Seri Petaling,
57000 Kuala Lumpur, Malaysia.
電話：+6(03)-90563833　傳真：+6(03)-90576622
電子信箱：services@cite.my

一版一刷　2024 年 4 月
ISBN：978-626-7219-96-6（紙本書）
ISBN：978-626-7219-95-9（EPUB）
售價：380 元

城邦讀書花園
www.cite.com.tw

國家圖書館出版品預行編目（CIP）資料

禪語心燈 / 濟群法師著 . -- 初版 . -- 臺北市：橡樹林文化，城邦文化事業股份有限公司出版：英屬蓋曼群島商家庭傳媒股份有限公司城邦分公司發行，2024.04
面；　公分 . --（金翅鳥系列；JZ08）
ISBN 978-626-7219-96-6（平裝）

1. CST: 佛教修持　2.CST: 佛教說法

225.87　　113000125

填寫本書線上回函